普天之下・盡是好書

普天出版家族
Popular Press Family

凌雲文創
A-Plus Creative Company

USE THE WAY OF SPEAKING AN

CHANGE THE THOUGHTS OF THE OTHER PERSO

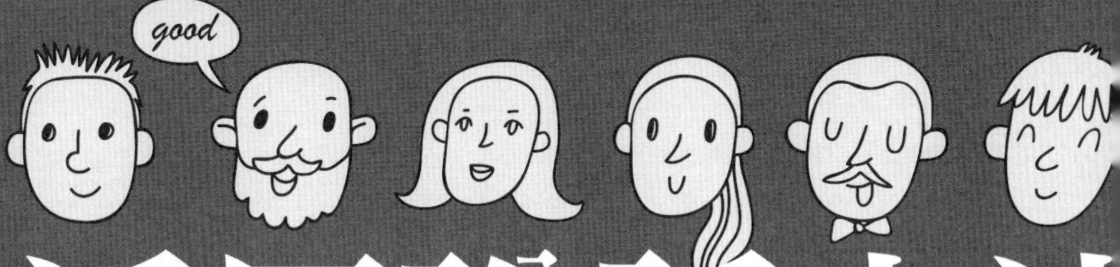

活用說話方法 改變對方的想法

和別人打交道，一定要掌握説話訣

法國哲學家拉布呂耶爾說：

「有時候，談話的妙處並不在於表達自己的想法，而是在引發別人的想法，讓他主動接受自己的觀點。」

深諳說話的藝術，人與人之間就可以在融洽愉悅的氣氛中，交流彼此的想法和看
有時候，你和對方並沒有交集，但是，透過巧妙的說話技巧，
卻可以讓彼此敞開胸懷，順利達成自己的目的。
想提昇自己的競爭力，和別人打交道，一定要掌握說話辦事的訣竅。

陶然 編

•出版序•

學會把話說進對方的心窩裡

期望無往而不利，少不了得培養自己的口才。不能僅僅是說話，而是要把話說到聆聽者的心坎裡去！

美國作家安・比爾斯曾經寫道：「說服是一種催眠術，說服者的意見隱密起來，變成了論證和誘惑。」

的確，想要打動人心，達成自己的目的，就必須透過有效的說話方式，將自己的意見、想法滲透到對方的腦子裡。

巧妙的說話方式、優雅的肢體語言，恰到好處的幽默語言……這些都是想打動人心之時必須具備的說話藝術。

想成功說服別人，在溝通的過程中，如何把話說到別人的心窩裡，絕對是必修的一門學分。

人際關係專家畢傑曾說：「如果你想把話說到別人的心坎裡，就必須知道如何利用別人最喜歡聽的話，間接傳達你想要傳達的意思。」

的確，同樣的一件事，用不同的兩種話來表達，最後的結果往往大相逕庭。如果你可以在事前就知道你想要傳達的人喜歡聽什麼話，然後再用他喜歡聽的話間接傳達你的意見，那麼，對方欣然接受的程度肯定會高出許多。

繁忙的人際交往中，人與人之間的溝通對話不可避免。

一個會說話的人，每一句話都能打動人們的心弦，好像具有一種不可知的魔力，操縱著人們的情緒。他的一舉手一投足，嘴裡發出來的一言一語，彷彿都能影響到周圍空氣的鬆弛與緊張。

這種感染的力量是什麼？

就是口才。

和別人接觸的時候，有四件事情容易被人用來當作標準，評定我們的價值，那就是我們做的、我們的面貌、我們說的話，以及我們如何說話。

可惜，許多人爲了種種瑣事的繁忙，忘記最重大的事，缺少時間研究他們的「辭藻」，甚至不肯花一分鐘的時間思考如何充實自己的辭句、如何增加辭句的意義，如何使講話準確清晰。

有些人以爲，只要有才幹，即使沒有口才，也可以達到成功的目的。

這種觀念並不完全正確，有才幹並且有口才的人，成功希望才更大。因爲一個人的才幹，完全可以從言語談吐之間充分地表露出來，使對方更進一步地瞭解，並且信任。

美國費城的大街上，曾躑躅著一個無業的英國青年，不論是清晨或夜晚，總是引人注目地經過那裡。

據他自己說，他想尋找一份工作。

有一天，他突然闖進了該城著名的巨賈鮑爾・吉勃斯的辦公室，請求主人犧牲一分鐘時間接見他，容許他講一兩句話。

這位陌生怪客使吉勃斯感到驚奇，因為他的外表太引人注目了，衣服已很破舊，全身流露出極度窮困的窘態，可精神倒是非常飽滿。也許是出於好奇，或者是憐憫，吉勃斯同意與這人一談。

想不到的是，他起初原想談一兩句話就好，然而一談起來，不是一兩句，也不是一二十分鐘，直到一個小時以後，談話仍沒有結束。

接下來，吉勃斯立即打電話給狄諾公司的費城經理泰勒先生，再由這位著名的金融家邀請這位陌生怪客共進午餐，並給了他一個極優越的職務。

一個窮困落魄的青年，何以能在半天之內，獲得如此美滿的結果？他的成功秘訣，就在於極吸引人的口才。

口才，是生活中應用最普遍也最難能可貴的說話技術。然而，與你交談的對象當中，有幾個長於口才？在日常的談話中，在大庭廣眾的集會中，你遇到過多少使你滿意的談話對象？曾有多少人，能夠把話說到你的心裡去？恐怕都是屈指可數吧！

不論是面對家庭，還是職場，甚至是整個社會，期望無往而不利，少不了得培養自己的口才，強化自身的說話能力。

不能僅僅是說話，而是要把話說到聆聽者的心坎裡去！

口才是現代社會必備的競爭資本，也是增強人際關係的要素，懂得把話說得更巧妙，懂得把意見滲透到別人心裡，更是商業社會的成功之道。

很多人失敗，並不是敗於實力不濟，而是不知道運用「語言」這項利器。唯有細心研讀並靈活應用語言的魅力，具備良好的說話能力，才能增進自己的各項能力，在商業社會遊刃有餘。

•本書為《站在對方的角度說話》全新增訂版，謹此說明

PART 1 投其所好，談話最有功效

不妨這麼告訴自己：為了成為一個會說話的人，為了達成合乎情理的目的，「投其所好」沒有什麼不可以。

PART 2

尊重，讓彼此更容易溝通

凡是善於談話的人，必定會小心翼翼斟酌說話方法，不使溝通陷入僵局。只要談話之門沒有關上，就永遠不愁無話可說。

PART 3

會說話，更要會聽話

有良好口才的人，必須同時擁有良好的「耳才」，很會說話的人，同時必須是很會聽話的人。

PART 4

合宜的措詞可以助你佔盡優勢

措詞反映了一個人的素質和能力，是給人的第一印象，應當努力提昇，才能在與人溝通、交往的過程中佔得優勢。

PART 5

摸透人心再開口

說服之前，必須了解對方。付出的心力越大，設想越週密，話就能說得越好，成功的機率自然更高。

PART 6

期望會說話，先學著少說廢話

諺語是詼諧而有說服力的短句，談話時套用個幾句，有畫龍點睛的效果，但用太多也不好。

PART 7

示弱，助你避開可能的災禍

所謂示弱，說穿了，就是強者在感情上體貼暫時在某些方面處於劣勢弱者的一種有效手段。

PART 8

先敞開心扉，才能進入別人的世界

風趣幽默又不失莊重，是一個高明的說話大師必須注意的態度，道貌岸然的談話模樣會惹人厭煩，而過於輕浮的談話態度同樣會讓人反感。

PART 9

恰如其分地讚美別人

要恰到好處地讚美別人不是一件容易的事，但如果稱讚得體，就能博取對方歡心，快速拉近彼此之間的距離。

PART 10

克服緊張情緒，行事才能順利

告訴自己：「我緊張、不安，對方也會與我產生同樣感覺。」這樣，你的心理會坦然些，也會增加勇氣。

ART 11

小小問候也有大效用

「問候」雖然只是個小細節，但卻扮演著很重要的角色，因為它是拓展人際關係的第一步，能加強彼此間的情誼，讓對方留下好印象。

1 投其所好，談話最有功效

不妨這麼告訴自己：

為了成為一個會說話的人，

為了達成合乎情理的目的，

「投其所好」沒有什麼不可以。

懂得溝通，比較容易成功

言語是人類互相交際、了解、傳達感情、溝通思想的最好工具，不擅於應用者，必定要在交流中吃大虧。

人際溝通作家葛瑞斯曾說：「有時候，會說話的人，不見得比不善於表達的人有能力，但是卻比不善於表達的人，更受到別人的青睞。」

其實，在這個有能力不一定就能成功的時代，如何與人進行有效的溝通、如何用最精確的話語，將自己的意思表達出來，往往就是一個人是否能夠成功的最重要關鍵。

日常生活中，會說話的人，總可以流利地表達出自己的意圖，也能夠把道理說得很清楚、動聽，使聆聽者樂意接受。

有時候，還能立刻從問答中測定對方言語的意圖，由談話中得到啓示，增加對現況的了解，從而促進雙方關係的穩固。相比之下，不那麼會說話的人，明顯不能完全地表達出自己的意圖，談話過程中，經常陷入使對方費神又不能表達自我的窘境。簡單來講，就是詞不達意。

說話是爲了把自己的意思告訴別人，讓別人明白，從而互相了解。如果說出的話不使人信服，沒辦法激起半點反應，就毫無作用，等於沒說。

你必定會問，如何才能「把話說進別人的心坎裡」呢？

說穿了，秘訣只在一點：知道自己的優劣，也清楚對方的優劣，然後試著站在對方的角度說話，便能應付自如。

說話是要針對人的，見什麼人，說什麼話，斟酌每個人或每件事的情況與需求做調整，不可妄想「一招半式闖江湖」。

是否有過類似的經驗？同樣的要求，對某個人提出，他欣然地接受，但對另一個人說，對方不但不能理解，而且還大表反感。這就是無法做到「知己知彼」者最容易犯下的錯誤。

有些時候，我們明明很在意某個人，可是他一點也不知道；我們明明非常關心某個人，卻還經常被對方嫌太過冷淡。

試想，這是多麼使人痛心的事！所以，在成爲高明的說話者之前，我們要先注意別人眼中看見的，了解別人心裡究竟在想些什麼。

當面對著一群人說話的時候，不但要顧到全體，還要特別照顧那些不被注意的聽衆，這樣做，不但可以解除衆人不安或不起勁的負面情緒，更可以讓我們說出的話得到熱烈的支持。

不要忘記對別人善意的言語表示感激，讓你的朋友具體地知道你的想法，知道他對你有很大的影響。只要眞心誠意，必能把心中眞實的感情傳遞出去。

若你本身就是富有同情心的人，一定能警覺地注意自己的言語，不至於在無意中傷害別人，就算不小心失言，也能夠在覺察之後，立刻向對方表示歉意。並且，在遭受他人無心的言語傷害時，以寬容態度應對。

人都希望自己是快樂的、幽默的，也比較喜歡與這類人相處。快樂是一件極寶貴的東西，無人不需要。由此延伸，我們可以知道，用快樂積極的態度說話，更容易受歡迎，達到目的。

作家惠特尼曾經如此寫道：「說好一句話，有時候比做好一件事更容易獲得別人的重視。」

確實，在這個每個人都喜歡聽好話的時代，說好「話」的確比做好「事」更容易讓你引起別人的注意。因此，如果你想獲得成功，那麼在溝通的過程中，如何把話說到別人的心坎裡，絕對是必修的一門學分。

言語是人類互相交際、了解、傳達感情、溝通思想的最好工具，不擅於應用者，必定要在交流中吃大虧。

語言質樸，較能令人信服

因為值得信賴，將質樸的言語運用在商場上，往往可以從花言巧語包圍中掙得一片天，收到比預想更出色的效果。

能夠打動人心的，不見得都是經過設計的言語。有時候，只是簡單的一句話、一個小動作，便可以帶給別人深刻印象與感受。

不妨看看日本名作家相川浩曾經講過的一則故事：

有一位收款員，是一個倔老頭，挨家挨戶向客戶收款時總面無表情，只生硬地說出錢數：「您好，上個月的款項是兩千三百元。」

一次，他到某戶人家按門鈴，女主人出來應門，家裡的孩子也跟了出來，抱著媽媽的大腿，直勾勾地望著他。收款員依然沒有任何表示，接錢、遞收據、離開，一副公事公辦的模樣，讓這家的女主人相當不高興。

一個秋天的晚上，門鈴響了，女主人猜到一定又是那名陰沉的收款員，老大不高興地打開了門。來者果然一如預料，但想不到的是他竟主動向門裡瞄了一眼，接著問：「怎麼了？」

女主人愣在當場，不明白對方指的是什麼，收款員見狀又接著問道：「今天怎麼沒看見孩子跟出來呢？」

「啊！他有點發燒，已經睡了。」

「原來是這樣，希望他早日康復。啊！本月款項是兩千八百六十元。」

說完，一手遞出收據，一手接過錢，便轉身離開了。

收款員的聲音仍和平時一樣平板無起伏，說出來的話也同樣簡短且「節儉」，但那句在口裡無心嘟噥的祝福卻讓女主人深受感動，當下認定他必定是一位大好人，只是不善於表達自己。

現今社會，提供上門服務的商店或企業很多，派出的業務員幾乎個個能言善道、伶牙俐齒。不過，在這位女主人心中，倔老頭收款員平實質樸的話語反倒更令人感動。

這個故事所展現，就是質樸語言的典型特點。

一般來說，語言趨向平實質樸，特點是內容樸素實在、不事雕琢，看不出刻意設計的痕跡，句式結構簡單，也很少使用比喻、暗示、誇張等修辭方式。由於表達上語氣和緩，聲調變化較少，但內蘊精深，自有魅力，因此也有人稱「零度風格」。

談話若平實質樸，便能在人心中留下坦誠率直、忠厚老成的良好印象。不拐彎抹角，不油腔滑調，老老實實地談出自己的要求和想法，對方會認定你心口如一，值得信賴，自然比較容易接受你的意見或建議。越是平實質樸，越能夠幫助你準確地表達出眞心話。

切記，眞理是樸素的，任何雕飾都會使事物失眞，只有平實地把話說出來，才能保持思想的「原汁原味」。

推銷員介紹商品時，特別需要講求語言準確。顧客需要了解商品的眞實情況，否則無法做出決定，誇大的言談只會引起反感，「最佳」、「一流」、「超級」、「獨一無二」之類的形容詞無疑降低了談話的可信度。

用平實、質樸的語言風格陳述事實、講清道理，較能令顧客或對手信服。

平實質樸不等於單調乏味，淺薄粗俗。作爲一種語言風格，平實質樸並不意味著有什麼說什麼，想到哪裡說到哪裡，因爲那樣講出來的話必定毫無魅力，不僅使人感到味同嚼蠟，甚至還可能粗俗且不堪入耳。

眞正的平實質樸，應該是平中見巧、淡中有味，「看似尋常最奇崛」，蘊含著深刻的意味，說出每一句話都經過反覆推敲，字斟句酌，看似平淡，實則並不簡單。因爲値得信賴，所以將這樣的言語運用在商場上，往往可以從花言巧語包圍中掙得一片天，收到比預期更出色的效果。

培養受人歡迎的說話態度

如果你對別人表現出刻薄的神情，或者對別人說的話表示冷淡或輕視，對方的談興必定會消失。

與人談話時的態度如何，在一定程度上決定了你是否受人歡迎。能與人和顏悅色交談的人，必定能打動對方的心。

懂得站在對方的角度說話的人比較吃香，這一點無庸置疑，但如何表現才算是良好的談話態度呢？歸納起來有以下五點：

●表現出興趣

當別人講話時，要注意傾聽。如果你的眼睛四處張望，或是玩弄著小物件、翻弄報紙書籍，對方就會以為你對他的話沒有興趣，感到掃興。

此外，在人多的時候，你還不能只對其中一兩個熟悉的人表示興趣，而要把注意力分配到所有人身上，對於那些話說得少，或是表情不太自在的人，更要特別留神，找機會關照。

你的注意、你的關心，形同於一種尊重和安慰，正好可以幫助他們從被冷落的窘境中解脫。

•表示友善

如果你對別人表現出刻薄的神情，或者對別人說的話表示冷淡或輕視，對方的談興必定會消失。

哪怕你不喜歡聽對方的話，或者不同意他的意見，還是應該表示出基本的尊重與友善，不要只因爲一句不得體、不適當的話，就全盤加以否定。

尊重，正是人際關係要獲得良好發展的基礎。一聽到不喜歡的話，立刻表現出自身的不快和不滿，把彼此的關係弄壞、搞僵，導致失去繼續交談、深入了解的機會，不是很可惜嗎？

•輕鬆、快樂、幽默

眞誠、溫暖的微笑，是打開他人心靈的鑰匙。

人的心靈天生對溫度有強烈的感應，遇見抑鬱、冰冷的表情，就會自然地凝結僵硬；遇見歡樂、溫暖的笑容，則相應地柔軟、活潑起來。

眞誠、溫暖的微笑，快樂、生動的目光，舒暢、悅耳的聲音，就像明媚的陽光，使一切欣欣向榮，使談話能藉更生動活潑的方式進行下去，讓所有人談笑風生，備感心曠神怡。

至於幽默感，需要慢慢地培養，它是一種興致的混合物。富於幽默的人，常常能使身處的空間充滿歡聲笑語，憑幾句妙語驅散愁雲、消弭敵意，化干戈爲玉帛、化凶戾爲吉祥。

• 適應別人

跟趣味相投的人在一起就舒服、話多得很，一遇見志趣不投的人就感到彆扭、不想開口。像這樣任著自己的脾氣去接近別人，眞正投機的人就少了。

想要讓自己更吃得開，就該藉談話多關心別人，重視他們的想法與喜好。有些人喜歡講大道理、有些人思路較天馬行空、有些人一開口就滔滔不絕、有的人則長於深思、拙於應對，凡此種種，你都該學著自我調節，適度遷就。碰上滿腹經綸的，讓他盡情地宣洩；守口如瓶的，由他吞吞吐吐；失意的，多給予一些安慰同情；軟弱的，多表達鼓舞和激勵。

凡是會說話的人，一旦發現對方對某一問題表現出特別強烈的興趣，便會讓他在這方面繼續發展，暢所欲言；假如看出對方對某一個問題不想多談，則會及時轉換話題，把談話引到另一個方向，免得引起不快。

●謙虛有禮

所謂謙虛有禮，絕不是說一些不著邊際的客氣話，而是一方面真誠地尊重對方、關心對方的需要，盡力避免傷害，另一方面嚴格地要求自己，對自身意見與看法抱持「可能有錯」的保留態度，虛心地聽取外界意見，做出適度調整。

和別人談話之時態度的好壞，正是能否成功達到交談目的的重大關鍵，千萬不可不謹慎。

投其所好，談話最有功效

不妨這麼告訴自己：為了成為一個會說話的人，為了達成合乎情理的目的，「投其所好」沒有什麼不可以。

一個會說話的人，必定懂得站在對方的角度，「投」聆聽者「所好」。

「投其所好」常常被看作貶義詞，爲人鄙夷，這主要是因爲「投其所好」者的目的往往是自私、不可告人的。但是，假如目的光明磊落、合乎情理，「投其所好」又有什麼不可以？

心理學研究證明，情感引導行動。積極的情感，例如喜歡、愉悅、興奮，往往能產生理解、接納、合作的行爲效果；而消極的情感，如討厭、憎惡、氣憤等，則會帶來排斥和拒絕。

所以，若想要人們相信你是，並按照你的意見行事，首先要得到人們的喜歡，否則必定失敗。

要使別人對你的態度從排斥、拒絕、漠然處之到產生興趣，並更進一步予以關注，需要最大限度地引導、激發對方的積極情感。

「投其所好」，實際上就是引導激發的過程。這種過程的表達方式多種多樣，經常運用的主要有以下兩點：

●發現對方的「長處」

要善於讚揚別人，善於從理解的角度眞誠地讚美別人，更要培養並展現出洞察力，發現對方美好的一面。

●尋找對方的「興趣點」

與別人交談時，往往會遇到一種情況：對方並未專心聽你說，而是在做或在想別的事情；或是嘴裡應付著，眼睛卻看向別處；或者是轉移話題，跟你瞎扯……遇到這種情況，你應該儘快放棄目前的話題，尋找他的「興趣點」。

唐代大詩人白居易說過：「動人心者莫先乎情。」

情動之後心動，心動之後理順，而理順之後，事情自然會朝著有利於你的方向發展。以下的故事，相信能給你一些啟示：

柯達公司總經理伊斯特曼發明了底片，為自己贏得巨額財富，成為當時世界上最著名的商人之一。

儘管如此，他仍然像平常人一樣，渴望得到別人的稱讚。

伊斯特曼曾捐造「伊斯特曼音樂學校」和「凱伯恩劇院」，用來紀念他的母親。紐約某座椅製造公司經理艾特森，想得到承包劇院座椅的訂單，於是鼓起勇氣和伊斯特曼相約見面。

但由於伊斯特曼的工作極忙，每次訪問佔用的時間不能超過五分鐘，艾特森能利用的時間相當有限。

他被引進總裁辦公室時，伊斯特曼正埋首於桌上堆積如山的文件中，聽見有人進來，他抬起頭打招呼：「早安！先生，有什麼事情嗎？」

自我介紹後，艾特森說：「伊斯特曼先生，在外面等著見你的時候，我瀏覽了這裡的環境，感到非常羨慕。假如我有這樣的辦公室，工作情緒一定非常高昂。你知道，我是個平凡的商人，從來不曾見過如此漂亮的辦公室。」

伊斯特曼回答：「你使我想起一件幾乎忘記的事，這房子確實很漂亮，不是嗎？當初剛蓋好的時候我極喜歡它，但是現在，為太多事情心煩忙碌，我甚至連續坐在這裡幾個星期都無暇看它一眼。」

艾特森用手摸了摸壁板，問：「這是英國橡木做的，是吧？質感和義大利橡木稍有不同。」

伊斯特曼點了點頭，明顯已被挑起興趣，說道：「一點也沒錯，那正是從英國運來的橡木。我的一個朋友懂得木料的好壞，親自為我挑選的。」

隨後，伊斯特曼領著艾特森參觀了自己的辦公室，詳細講解曾參與設計的房間配置、油漆顏色、雕刻工藝等等。

當他們在室內誇獎木工時，伊斯特曼走到窗前，非常得意地表明要捐助洛加斯達大學及市立醫院等機關，以盡心意，艾特森立刻熱誠地稱許，直說他是個古道熱腸的善心人。

兩人接著又談了許多生活上、工作上、生意上的事，艾特森總是適時地表達出自己的讚歎。這場談話一直進行到中午，之後，艾特森不僅順利得到了那筆劇院座椅訂單，還與伊斯特曼成了好朋友。

人際交往中，「投其所好」的重要性，由此可以證明。因此，不妨這麼告訴自己：爲了成爲一個會說話的人，爲了達成合乎情理的目的，「投其所好」沒有什麼不可以。

適度讚美，讓說出的言語更美

若在讚美別人時，不審時度勢，不能掌握一定的技巧，即便是真誠的讚美，也可能產生負面效果。

生活中，我們經常需要稱讚別人。眞誠的讚美，於人於己都有重要意義。對別人來說，他的優點和長處，因你的讚美顯得更有光彩；對自己來說，表明你有開朗的胸懷，並已被他人的優點和長處所吸引。

美國心理學家威廉．詹姆斯說：「人類本性上最深的企圖之一，是期望被讚美、欽佩、尊重。」

確實如此，渴望受讚揚是每一個人內心的基本願望。

在現代人際交往中，讚揚他人已成爲一門獨立的學問，能否掌握並妥善運用，使符合時代的要求，是衡量現代人的素質的一項標準，也是衡量個人交際能力高低的重要標誌。

當教師的人都明白：對落後的學生，過多的處罰和批評往往無濟於事。這些學生乍看簡直一無是處，但只要你能找到一個優點，予以大力讚揚，他就會產生上進心，逐漸往好的方向發展。

由於小小的誤會或久未接觸，人與人之間難免產生隔閡。消除隔閡的最有效方法，就是恰到好處地讚揚對方，融洽彼此瀕臨破裂危機的關係和感情。

讚美是件好事情，但並不是一件簡單的事。若在讚美別人時，不審時度勢，不能掌握一定的技巧，即便是眞誠的讚美，也可能產生負面效果。

讚美時，應遵守以下準則：

•實事求是，措詞適當

讚語出口前，先要考量一下，這個讚美有沒有事實根據？對方聽了是否會相信？第三者聽了是否不以爲然？

一旦出現異議，你又沒有足夠的證據來證明自己的讚美站得住腳，就會弄巧成拙。所以，讚美必須在事實基礎上進行。

不僅如此，措詞也要講究適當。

例如，一位母親讚美孩子：「你是一個好孩子，有了你，我感到很欣慰。」這種話就很有分寸，不會使孩子驕傲。

但如這位母親說：「你眞是一個天才，我所看過的小孩中，沒有一個趕得上你的。」那會因爲過度誇大，養成孩子驕傲的性格。

●借用第三者的口吻讚美他人

有時，我們爲了博得他人好感，會讚美對方一番。但若由自己說出「您看來眞是年輕」這類的話，不免有恭維、奉承之嫌。與其如此，不如換個方式，向對方說：「怪不得大家都這麼稱讚，您看來眞是年輕又漂亮。」

借用他人的口來讚美，更能得到對方的好感與信任。

●間接地讚美他人

有時，當面讚揚一個人，反而會使他感到虛假，或者會疑心你不是誠心的。這種時候，間接讚美的效果更好。

無論將間接讚美用在大眾場合，或個別場合，只要能傳達到本人耳裡，都是有效的。除了能達到讚揚鼓舞作用，還能使對方感到你的真誠。

●讚揚須熱情具體

經常可以看到，有人在稱讚別人時，表現出來的態度卻漫不經心。「你這篇文章寫得蠻好的」、「這件衣服很好看」、「你的歌唱得不錯」，這種缺乏熱情的空洞稱讚並不能使對方感到高興，甚至會由於過度明顯的敷衍而引起反感不滿。

稱讚別人，要盡可能熱情些、具體些。

比如，上述三句稱讚的話，可以分別改成：「這篇文章寫得好，特別是後面一個論點極有新意。」「你這件衣服很好看，剪裁很能襯托你的身材。」「你的歌唱得不錯，高音非常動聽哪！」

●比較性的讚美

兩個學生各拿著自己畫的一幅畫，請老師評價。老師如果直接對甲說：「你畫得不如他。」乙也許感到得意，但甲心中一定不悅。

當碰上這種狀況，不如運用比較性讚美，對兩人說：「甲的構圖已經相當成熟了，但乙的用色明顯更出色搶眼些。」

這樣一來，乙仍舊很高興，甲也不至於太掃興。

●把讚美用於鼓勵

用讚美來鼓勵，能激起人的自尊心。而要一個人努力把事情做好，首要條件，正在於激起自尊心。

有些人第一次做某件事情，結果不理想，你應當怎樣說他呢？

千萬要告訴自己，不管對方有多大的毛病，還是該給予肯定，說：「第一次有這樣的成績，已經不錯了。」

對那些第一次登台、第一次參加比賽、第一次寫文章投稿、第一次做某件事情的人，這種讚揚，會讓他深刻地記一輩子。

●讚揚要適度

適度的讚揚，會使人心情舒暢，否則使人難堪、反感，或覺得你在拍馬屁。因此，合理地把握讚揚的「度」，是一個必須重視的問題。

一般說來，必須做到以下三點：

1.實事求是，恰如其分。

2.方式適宜，即針對不同的對象，採取不同的讚揚方式和口吻，以求適應對方。如對年輕人，語氣上可稍誇張些；對德高望重的長者，語氣上應帶有尊重的意味。對思維機敏的人要直接了當，對有疑慮心理的人，要儘量明顯，把話說透。

3.讚揚的頻率要適當。在一定時間內讚揚他人的次數越多，作用就越小，對同一個人尤其如此。

巧用讚美，讓你的言語更美，也連帶著使形象提高，因此，想要在人際交往中吃香，千萬別吝惜讚美他人。

改變觀念，誠心表達讚美

在稱讚別人同時，也會為自己帶來愉快，就像是一名藝術家，透過語言讚美讓彼此身心愉悅，讓週遭氣氛更美好。

想想，你上一次讚美他人，是在多久之前？

仔細留意便會發現，日常生活中，在我們身邊，必定有許多人不願輕易開口說出對別人的讚美。

爲什麼會這樣呢？探究理由，多不出以下幾種：

1. 剛剛認識某個人，仍感到生疏，對情況還不大了解，怎麼好意思主動對人家表示讚美呢？
2. 與異性交往，更加不好意思讚美，尤其是當男人面對一位年輕漂亮的女郎，儘管覺得對方是個美人，卻擔心從嘴裡吐出的讚美遭到誤解，被認為居心不良，因此還是不說為妙。

3.關係親近、朝夕相處的人，彼此早已相知，何必還要表示讚揚？既然不懷疑相互的感情和信任，還有必要表示自己的喜愛和讚賞嗎？弄得不好，反倒顯得不自然、尷尬吧！

4.有的人已經獲得很高的成就，夠幸運、夠得意了，沒必要當面再去稱讚，否則對方豈不是更得意，且更顯得自己更不如他？

5.對於售貨員、服務員或某位商人，沒有必要表示我們對商品或服務的滿意，因為他們做得再好，也是為了賺我們的錢。做好本分內工作是理所當然的事情，既然自己付了錢，有什麼必要再表示滿意和感謝呢？

6.對於領導者，更不可隨便表示讚揚。也許上司確實有值得稱讚的地方，可對這種人盡說好話，別人發現了，豈不被當成拍馬屁？

7.有些人實在太平凡了，甚至還有不少毛病，根本不怎麼樣，就算有可取之處，也不過是些瑣碎、細小的事情，沒有讚揚的價值。

以上這些想法，在邏輯上或許有一定的道理，不是全然不通，但卻足以造成超乎想像的嚴重阻礙，讓我們無法把話說得更好，自然也不可能在人際交往中走向最佳狀態。

爲什麼許多人會有類似想法？

往更深一層看，我們還可以探究出以下這幾個原因：

1. 對讚揚的意義理解不深，或僅透過庸俗的角度來理解，認為只在有求於人或巴結討好人時才有必要給對方戴高帽子，而自己一向心地坦誠、作風正派，何必要來這一套？

2. 為人拘謹，老實木訥，不僅不好意思對他人表示讚賞，同時也擔心別人會對自己有任何懷疑或不好的看法。特別是在陌生人、異性和領導者面前，更感到憂心、拘謹，更無法將讚美說出口。

3. 由於心態不良、心理不平衡，懷著嫉妒心或虛榮心，不肯讚揚職務和成就高過自己者，而對不如自己的人又不屑一顧。

4. 只想到自己需要別人的讚揚，而不考慮別人也同樣需要得到自己的讚揚。尤其是抱持自卑心理的人，總會覺得自身人微言輕，即便提出讚揚也無足輕重，不具太大意義。

5.無法恰當掌握讚揚的語言藝術，或曾經讚揚過別人但收效不佳，因而誤以為讚揚沒什麼價值，甚至還可能適得其反。

總的來說，吝於讚美不出兩方面原因：一是心態不夠積極，一是不懂得交際的奧秘，不會說話。

正如任何一個人都不可能沒有缺點和過錯一樣，人也不可能沒有值得讚賞的優點和長處。心中抱持偏見者，對某人某事常常固執地囿於自己的看法，即使事實證明犯了錯，也不肯輕易改變。

試想，如果你對某個人說：「我一看見你就覺得討厭！滾開！不要讓我見到你！」這不僅不尊重別人，也等同於一種自我封閉和扼殺，使自己變得令人厭煩，沒有任何好處。

想要讓別人喜歡自己，就該主動釋出善意，去喜歡、關心、了解他人，且做到全面地、實事求是地關心和了解，而不是只將眼光放在對方的缺陷上。

看到蘊含的潛力，而不是只看已經體現出來的價值。能夠抱持這種想法，你就不會認爲他人「實在不怎麼樣」，半點值得讚賞之處也沒有。

最重要的一點，是你能否看出對方的優點，即使相當渺小，也應當拿出「伯樂」的眼光，致力於發現並讚賞。學會讚揚別人，對於提升說話能力與發展人際關係有很大的幫助，極有可能會成爲你的極大優勢。

此外，要建立一個正確觀念：發現別人有什麼優點，就要及時且直接地表示讚揚，不要等事過境遷後才感到遺憾，不要等到對人有所求時才出口，誠心的讚美絕不等同於膚淺的客套恭維。

想提升自己的說話能力，絕不能吝惜讚美。

要知道，在稱讚別人同時，也會爲自己帶來愉快，就像是一名藝術家，透過語言讚美讓彼此身心愉悅，讓週遭氣氛更美好。

抓住讚美技巧，收效更好

背後讚揚是一種至高的說話技巧，因為人與人相交，最難得的就是在背後說好話，而非閒言閒語。

毫無疑問，會站在對方角度說話的人比較吃香，但是，無論做任何事情、說任何話，都不可以盲目或者過度，必須控制在適當的範圍內，否則，即便是好事、好話，也會產生負面效果。

讚美正是一把雙面刃，能增進人際關係，也能破壞人際關係。期望開口說出的是恰如其分的讚美，可從以下方面要求自己：

- **出於真誠**

不真誠的讚揚，必定會給人虛情假意的負面印象，或者被認為懷有某種不良目的，如此一來，受讚揚者非但不會感謝，反而感到討厭。

言過其實的讚揚，不能實事求是，會使接受者感到窘迫，也會降低讚揚者自身的威信。虛情假意的奉承，對人對己都有害無利。

●不失時機

對朋友、同事身上的特點，要盡可能隨時隨地去發現，抓住時機，積極回饋，即便是一個表情、一個動作、所說的一句話、所做的一件事，都應把它們看在眼裡、記在心裡。

讚美的時機多種多樣，當時、事後、大庭廣眾之下，兩人獨處時都可進行，但一般以當時、當眾讚美的效果最佳。

●培養「慧眼」

你從對方身上發現的特色、潛能、優勢，最好是其他人都沒有發現，甚至連當事人自己都不清楚的。

這種讚揚能讓接受者驚喜，瞬間增強自信，更對讚美者產生好感。

●與對方的好惡相吻合

若某樣特質一向被對方認為是缺點，內心極為厭惡，但卻被你誇獎，必定無法令他接受。

試想，如果你讚美朋友像某位電影明星，可他恰好極討厭這位明星的相貌或性格，這樣的讚美會有效果嗎？以這種方式說話會吃香嗎？

答案當然是否定的。

●找出對方最渴求讚美的特質

各人必定都有各自優越的地方，更有自知優越的地方，固然盼望得到別人公正的評價，但更希望某些特質能得到恭維。

例如女孩子，都喜歡聽到別人誇讚她們外表的美麗，但對於具有傾國傾城姿色的女孩，不妨改稱讚她的內涵、智慧吧！相信這會比其他千篇一律的恭維更令她印象深刻。

●善用間接恭維

引用他人的評價，對某位朋友、同事過去的事蹟，也就是既成的事實，加以讚美，就達到了「間接恭維」的目的。這證明了你對他的成就、聲譽有所了解，對方不僅會欣然接受你的好意，且將以親切、熱情的態度回應。

• 在背後讚揚

背後讚揚人是一種至高的說話技巧，因爲人與人相交，最難得的就是在背後說好話，而非閒言閒語。如果朋友知道你在別人非議他時挺身而出、主持公道，怎麼可能不感激？

• 引其向善

讚美與諂媚、奉承、拍馬屁的一個極大區別，在於當中含有「引其向善」的積極性意義。你若希望對方擁有哪些優點、鞏固哪些優點，就該敏銳地發掘，並及時予以鼓勵。對方的自尊心得到滿足、感受到激勵後，自然會朝你所期望的方向努力。

• 言語含蓄

過直、過露的讚美，很有可能讓聆聽者感到過分肉麻，反而留下不好的印象，而巧用抽象含蓄的言辭，更有辦法達到使人迷醉的效果，因爲語辭本身含有多方面涵義，可做多種解釋，對方會不自覺地往好的方面去想。

• 採用直觀性讚美

面對初相識者，可多使用這種說話方法。

無論是從對方身上的飾物、衣著、裝扮或者其他具體事物切入，具「發現性」的直觀讚美都能讓對方感到輕鬆、自在，從而使交談氣氛活潑起來。

懂得站在對方的角度說話，懂得讚美的人必定受人喜歡。想暢通自己的人際交流管道，千萬別疏忽了讚美的技巧。

看出對方的興趣在哪裡

在與人建立良好關係的過程中，達到興趣上的一致是很重要的。當雙方都喜歡同樣的事情，彼此的感情自然更融洽。

這是不爭的事實：人人都有一個共通點，那就是必定會對某個領域、某樣事物抱持特別濃厚的興趣。

而興趣還可再分爲兩種，一是對有連帶關係事物的興趣，一種是對無連帶關係事物的興趣。

所謂「有連帶關係」的事物，是指與你和別人共同發生興趣的事物。利用這類興趣作引子，通常可以順利地在彼此之間建立良好互動關係。

那麼，再換個角度看，你必定會同意，絕大多數人對自身本職工作以外的事物更具興趣。

通常，一個人之所以從事某樣工作，不是出於自願，而是爲了謀生。但在業餘時間他所關心的事情，則完全是自己所選擇。換句話說，他最感興趣的事情是辦公室之外的，因此，透過從業務以外的事物製造機會與某人接近，可望建立起更融洽、穩固的聯繫。

一般人都希望與自己相處的人是有趣的，具有許多不同的興趣，有些自己會同樣感到特別喜歡，有些則比較淡泊。因此，你應儘量找出他們最感興趣的事，然後再從這方面去接近。

但在與別人的特殊興趣建立連帶關係的過程中，自己的眞實興趣也免不了會表現出來。畢竟，想要把話說好，進而再將人際關係經營好，單單憑一句「我也很感興趣」是絕對不夠的。

在對方的詢問下，與其表現得呑呑吐吐、躲躲閃閃，倒不如想辦法用自己的興趣去引起別人的興趣。

在與人交談、交往的過程中，該如何使他人了解自己對某件事情同樣具有濃厚興趣呢？

無庸置疑，對於題目本身，你必須具備相當的知識，以證明自己的確下過一番功夫、做過相當研究，絕非信口胡謅。越是面對值得接近的人，越應該努力對他所感興趣的事情做進一步了解。切記，除非你能夠好好地應付，得到信賴，否則對方不可能提供你想知道的任何事情。

爲什麼幼稚園老師有辦法去哄那些哭鬧的小朋友，讓他們破涕爲笑呢？受過專業教育訓練的她們當然有訣竅，其中一項，在於能站在孩童的立場，設身處地、將心比心地迎合孩子們的興趣和思想。

這種做法純粹出於熱忱，而熱忱絕對是使應酬成功、讓話說得更好的因素。當你的內心充滿熱忱，提出的將不是令人難堪的問題，而是別人樂於回答，或者是他所熟悉的問題。

例如，你知道某人去過美國，因此向他問及美國的事情，他一定會非常高興、滔滔不絕地講述起相關的訊息，即使你最開始的目的不過想問問入境手續，他也可能一股腦地連紐約帝國大廈的電梯快到什麼程度都告訴你。

如何實現與他人興趣一致的目的呢？專家提出以下三步驟：

1. 找出別人感興趣的事物。
2. 對他感興趣的題目，設法先建立起相關知識。
3. 明白地對他表示出你確實感到興趣。

在與人建立良好關係的過程中，達到興趣上的一致是很重要的。當雙方都喜歡同樣的事情，彼此的感情自然更融洽。

過程中，不但需要主動且積極地釋出善意，更需要良好的說話技巧輔助，畢竟，會說話的人比較吃香。

2 尊重，讓彼此更容易溝通

凡是善於談話的人，
必定會小心翼翼斟酌說話方法，
不使溝通陷入僵局。
只要談話之門沒有關上，
就永遠不愁無話可說。

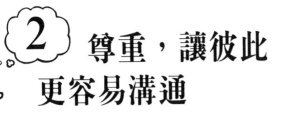

尊重，讓彼此更容易溝通

凡是善於談話的人，必定會小心翼翼斟酌說話方法，不使溝通陷入僵局。只要談話之門沒有關上，就永遠不愁無話可說。

有「會說話」的人，自然也有「不會說話」的人。

有些人喜歡抬槓，搭上話就針鋒相對，無論別人說什麼，總要加以反駁。事實上，他本身可能一點概念也沒有，偏偏當你說「是」之時，就一定要說「否」，到你說「否」的時候，反而又說「是」了。

事事要占上風，不與人為善，這是一種極壞的說話習慣。即便你的見識真比別人多，也不應該以如此態度說話，不為別人留半點餘地，非要把對方逼得無路可走才心滿意足。

不懂尊重別人，是種不良習慣，足以使你自絕於朋友和同事之外，沒有人會願意再向你提出意見或建議，更別說是忠告了。你的本性可能是很好的，但只要染上這種不良說話習慣，朋友和同事必定會離你而去。

唯一的改善方法，從養成尊重別人的說話習慣開始。

首先你要明白，在日常談論當中，自己的意見未必都是正確的，而別人的意見也未必就是錯誤的。那麼，又何必次次反駁？

別人和你談話時，可能根本不打算聽你說教，只當作單純談笑罷了。此時，你若硬要表現出聰明，拿出自認爲更高超的見解壓過對方，即便如願取得優勢，對方也絕不會心悅誠服地接受。

當同事或朋友向你提出建議，若不能立刻表示贊同，起碼要表示願意考慮，不可馬上反駁。

和朋友談天時更該注意，過度執拗足以讓一切有趣的話題變得枯燥乏味。

想要藉言語和人建立良好關係，千萬要表現得謙虛一些，隨時考慮別人的意見，不要太過固執，要讓人們覺得你是一個可以交談的人。

聽到別人的意見和自己一樣時，大可立刻表示贊同，不要以爲這樣做會被人認爲是隨聲附和，因而默不吭聲。不吭聲，確實不會被人誤解爲隨聲附和，但也容易使人以爲你並不同意。

當聽到別人的意見和你不一致時，也可以表示你不同意，但此時要注重說話的技巧，把不同意的原因委婉但明確地說出來，避免過度批評或者人身攻擊，如此便不至於傷害彼此的感情。

人與人之間的談話，經常只有一個目的，就是想知道別人對某件事的看法是否和自己相同。若雙方意見一致，就會感到肯定或安慰，如果發現雙方的意見有差異，就會有受刺激的感覺。

常常可以看到人們因爲表示出相反意見而得罪了朋友，所以許多專家和相關書籍總是勸人們收斂、圓滑些，不要表達自身的不同意見。但這種說話方式是很片面、膚淺的，也是不誠實的表現。

無論多麼愛面子，除了少數極愚蠢、狂妄的人以外，沒有人不希望擁有忠實的朋友。不妨設想一下，如果你認識一個人，對他說的每句話都隨聲附和，絕口不說

「不」，會有什麼樣的結果？也許第一次見面他很喜歡你，但是，不久以後他就會覺得你是個圓滑、不可信賴的應聲蟲，選擇跟你劃清界限。

與別人意見不合時，究竟該如何表態？

首先，在細心觀察社會和人生百態後，你要明白一個事實：只要方法得體，向別人表達自己的不同意見，有時還會受歡迎。這是因爲，眞正得罪人的往往不是意見本身，而是不當的說話方式與態度。

應遵守一個說話原則：表達意見的時候，要假定自己的想法也可能有錯誤，不要強迫別人立即同意，給人充分的考慮時間，致力於做到既不言聽計從，也不固執武斷。

一方面，老老實實地說出自己眞正的看法，另一方面，誠懇地尊重別人的意見，這才是最理想的交談方式。

生活中，必定經常可以看見以下情形發生：兩人原本好好地在談話，卻不知不覺就爭執了起來，而爭論的僅是一些極其微小的事情。他們的觀點大體上一致，但都偏執地以爲對方完全站在自己的對立面，弄得雙方都非常不愉快。

這是最常見的溝通失敗案例，而導致的主要原因，是在表示不同意之前，忘記說或者以爲不必先說自己同意的部分。

難道不是嗎？我們在聆聽他人的長篇大論時，若發現其中某一部分與自己的看法不同，多半會立即提出異議，而對方一聽這話，便會以爲提出的意見遭全盤否定，爭執由此產生。

能否在這樣的場合全身而退，考驗著說話本領的高低。一定要記住，先說明自己贊同的部分，然後再說明在某一點上你有不同的意見，如此，對方才可能較容易地接受你的觀點。

無論彼此的意見差距有多大，分歧又是多麼嚴重，只要不表現出絕對不可商量的態度，必定能找出解決方法。

凡是善於談話的人，必定會小心翼翼斟酌說話方式，不使溝通陷入僵局。只要談話之門沒有關上，就永遠不愁無話可說。

要聰明，不要被聰明所誤

無論對任何人、任何事，開口說話之前，千萬記得提醒自己：要比別人聰明，但不要告訴人家你比他更聰明。

伶牙俐齒並不算眞正會說話，所謂的說話高手，必定還具備一種能力——以言語激勵、成就他人之美。

安德魯・卡內基是美國的鋼鐵大王，白手起家，既無資本，又無鋼鐵專業知識和技術，卻成為舉世聞名的鋼鐵鉅子，使許多人大感迷惑不解。

某一回，一位記者好不容易得到訪問卡內基的機會，迫不及待地劈頭就問：「您的鋼鐵事業成就是公認的，您一定是世界上最偉大的煉鋼專家吧？」

卡內基一聽，哈哈大笑著回答：「記者先生，您錯了，煉鋼學識比我強的，光是我們公司，就有兩百多位呢！」

記者大感詫異道：「那為什麼您是鋼鐵大王？您有什麼特殊的本領？」

卡內基這麼說：「因為我知道如何用言語去鼓勵他們，使他們發揮自身所長，為公司效力。」

確實，卡內基創辦的鋼鐵業，是靠一套能有效發揮員工專長的制度，取得了蓬勃的發展。最開始，卡內基的鋼鐵廠因產量無法明顯提高，效益甚差。察覺問題所在後，他果斷地以一百萬美元年薪的高價，聘請查理．斯瓦伯爲總裁。

斯瓦伯走馬上任後，鼓勵日夜班工人進行競賽，工廠的生產情況迅速得到改善，產量大幅提高，卡內基從此逐步走向鋼鐵大王的寶座。

由此可見，卡內基是十分聰明的，如果一開始便自命爲最偉大的煉鋼專家，眞正的能人怎麼可能投入他的陣營、爲他效力呢？

法國哲學家羅西法有句名言說：「如果你想要得到仇人，就表現得比你的朋友更優越吧！」

爲什麼這句話是事實？因爲當朋友表現得比我們優越時，他們會產生一種自己是重要人物的感覺，但是當我們表現得比較優越時，他們就會產生一種自卑感，導致嫉妒情緒。

讓我們來看看接下來的這則故事：

某段時間，美國紐約市中區人事局最得人緣的工作介紹顧問是亨麗塔，但她並非一開始就擁有極好的人緣，甚至初到人事局的頭幾個月，在同儕間連一個朋友都沒有。你必定感到疑惑，這是為什麼呢？

因為每天她都在使勁吹噓自己的工作成績、新開的戶頭裡的存款數字，以及她所做的每一件事情。

「我工作做得不錯，並且深以為傲。」亨麗塔對成功大師拿破崙・希爾說：「但是，我的同事不但不分享我的成就，還表現得極不高興。我感到很難過，因為自己是如此渴望這些人能夠喜歡我，希望與他們成為好朋友。」

「在聽了你提出來的建議後，我開始少談自己，多聽同事說話。我發現他們其實也有很多事情渴望吹噓、分享，且因為我願意聆聽而感到興奮不已。現在，每回有時間在一起閒聊，我都會讓他們把歡樂告訴我，只在他們問我的時候，才稍微說一下自己的成就。」

想要在人際相處中處處吃香得利，首先得培養出聆聽的態度和雅量，再來，要提醒自己：不要在言語上表現得太「聰明」，尤其當對方犯錯時。

切記，無論採取什麼樣的方式指出別人的錯誤，一個蔑視的眼神，一個不滿的腔調，一個不耐煩的手勢，都有可能帶來難堪的後果。

你以爲對方會心悅誠服地同意你所指出的錯誤嗎？絕對不會！因爲你否定了他的智慧和判斷力，打擊了他的榮譽感和自尊心，同時還傷害了他的感情。他非但不會改變自己的看法，還會想要狠狠地展開反擊，這時，無論你再搬出多好聽的言詞彌補，可能都無濟於事。

永遠不要說這樣的話：「看著吧！你會知道誰對誰錯的。」因爲這等於在說：「我比你更聰明、更優秀。」實際上，等同於一種挑戰。

在你還沒有開始證明對錯之前，對方已經被激怒並準備迎戰了，這對解決問題有什麼幫助？爲什麼要爲自己增加困難呢？

某位年輕的律師，參加了一個案子的辯論，因為案子本身牽涉到大筆資金，可說相當重大。辯論過程中，最高法院的一位法官突然對這位年輕律師說：「海事法追訴期限是六年，對嗎？」

他當即愣了一下，接著轉頭以驚訝的眼光直視法官，率直地說：「不！庭長，海事法沒有追訴期限。」

後來再回顧，這位律師說：「當時，法庭內立刻靜默下來，似乎連溫度都降到了冰點。雖然我是對的，也如實地指了出來，法官卻沒有因此而高興或欣慰，反而臉色鐵青，令人生畏。」

「為什麼呢？答案顯而易見，儘管事實站在我這邊，我卻因為不會說話而鑄成一個大錯，居然當眾指出一位聲望卓著、學識豐富的人的錯誤。」

是的，這位律師確實犯了一個「比別人正確」的錯誤。在指出別人錯誤的時候，我們必須把話說得更高明一些。無論對任何人、任何事，開口說話之前，千萬記得提醒自己：要比別人聰明，但不要告訴人家你比他更聰明。

對自己的成就輕描淡寫，抱持謙虛態度，必定最受歡迎。

高明的道歉技巧必不可少

犯錯之後，若決定道歉，就該馬上去做，因為時間的長短與道歉的效果成反比，越早設法彌補，成效越好。

道歉，是一門值得鑽研的說話藝術。

衷心道歉不但可以彌補破裂的關係，還可以增進感情。當他人對自己表示出誠摯的歉意，誰能不感動？

原諒別人的錯誤能清除心中的怨恨情感，寬恕不僅僅是美德，更對健康、對情緒都大有好處。

眞正的道歉不只是認錯，也等於承認自己的言行破壞了彼此的關係，而這關係的重要性非同小可，所以希望能重歸於好。

美國總統羅斯福相當善於處理和新聞記者的應對進退，一回，《紐約時報》派記者貝賴爾駐白宮，按照慣例，白宮新聞秘書引他來謁見總統，說：「總統先生，您是否認識《紐約時報》的菲力克斯．貝賴爾？」

只聽見一個渾厚有力、充滿自信的嗓音傳來：「不認識，我想我還沒得到那份快樂。不過，我讀過他的東西。」

這說句話確實說得非常好，「我讀過他的東西」，對一名記者，絕對是極大的肯定。毫無疑問，透過短短一句話，羅斯福巧妙地在彼此初次見面時創造了良好的氣氛。

但在某些時候，羅斯福也會顯得不近情面，幸而他懂得補救，用言語彌補裂痕，重新建立關係。

一次，羅斯福在記者招待會上進行長篇演講，措辭激烈，貝賴爾卻在底下打起了瞌睡。只見羅斯福突然停下來，大聲吼道：「貝賴爾，我才不在乎你代表哪家報紙，但既然在這兒，你就得做筆記！」

不難想見，對貝賴爾來說，美國總統對自己大吼大叫，使他難受得簡直想找個地洞鑽下去，或是衝上講台把羅斯福揪下來，但他什麼也不能做，只能非常難堪地忍耐著。

衝突歸衝突，招待會結束後，羅斯福仍然如慣例般和記者一同談笑，簡短地交換意見，相互之間毫無拘束地閒聊，氣氛極爲融洽。他甚至突發奇想爲記者取綽號，說貝賴爾應該叫「魯漢」，因爲像《紐約時報》那樣嚴肅的報紙，內部應該要有一個叫「魯漢」的人。

雙方瀕臨破裂的關係，順利地在玩笑中重獲肯定。

還有一回，羅斯福在記者招待會上斥責一名記者，但他馬上察覺到自己把話說得太重。事後，記者主動表示歉意，說自己前晚不該玩牌到凌晨四點，以致今天精神不佳。想不到羅斯福卻說，撲克牌眞是有趣的好玩意，自己已經好長時間沒和朋友一起玩了，實在懷念得很，且馬上要求秘書去張羅一頓自助晚餐兼牌局。

放眼世界各國，很少有政府官員能和媒體記者建立起良好的互動關係，羅斯福可說是其中的佼佼者。

看完以上幾則事例，相信你必定會同意，他具備了相當高明的說話技巧。

羅斯福能訓人，也能反省自己是否做得太過分，並眞誠、主動地表示歉意。這提醒了我們：該道歉的時候，爲何不能坦然低頭認錯？高明的言語技巧加上誠懇友善的態度，絕對是讓你在任何環境都無往不利的關鍵。

當然，當我們道歉時，也可能會碰上對方不原諒、碰了釘子下不了台的窘況，這時候，該用什麼樣的態度應對？

首要應認清一點，既然是自己錯了，對方會生氣當然合情合理，苦果還是由自己吞下爲好。

其次，應該藉積極的分析找出原因，也許是因爲自己道歉的方式、場合等不太恰當，導致了不理想的情況。

道歉並非恥辱，而是眞摯誠懇且富教養的表現。

道歉是值得尊敬的事，不必奴顏卑膝。要告訴自己：想糾正錯誤是堂堂正正的事，何羞之有？

犯錯之後，若決定道歉，就該馬上去做，因爲時間的長短與道歉的效果成反比，越早設法彌補，成效越好。

道歉認錯和遺憾經常被混淆，但實際上，兩者的概念截然不同。

如果自己沒有錯，則不必爲了息事寧人輕易認錯。沒有骨氣、沒有原則的做法，不可能帶來多少好處。

敢於道歉是一種勇氣，也是有教養的表現，道歉能使友人和好、化敵爲友；也能使陷入僵局的人際關係重新獲得進展；更能使家庭和睦、彼此愉快、工作順利、同事融洽相處。

它是一種高明的說話技巧，人際關係中必不可少的潤滑劑。

出色溝通，少不了真心尊重

每個人都希望自己的特點和風格能被人接受並得到重視，都渴望獲得來自他人的尊重和信任，不願被等閒視之。

與客戶溝通一定要掌握適切標準，不該說的別說，不該做的別做。

無論如何必須牢記一點：客戶不是你的朋友，也不是同事，因此在尺度的拿捏上更需要注意。

一般說來，與客戶溝通時，要注意以下幾方面：

- **注意交談的內容與方式**

與客戶交談，一定要注意對話內容與方式，爲了便於溝通，可以在不觸犯隱私的範圍內適當地談點私人話題，或者對他來說比較重要的事情，以求拉近雙方的距離。

如果不注意與客戶交談的內容與方式，不能把握好應有的分寸，就有可能因爲溝通不當導致負面結果。例如，對方與你談及滑雪的技術和他對滑雪的喜愛，就算你本身對此一竅不通，或者根本打從心底討厭下雪和寒冷天氣，也應該表現出禮貌與熱情，專心聆聽。

•避免使用尖刻的言語

一對夫婦在一家店裡挑選手錶，選來選去，總是拿不定主意。東挑西選後，兩人好不容易看上一只手錶，便向店員詢問價格，沒想到店員有些不耐煩了，竟如此回答：「對你們來說，這只手錶明顯太貴了。有些人就連買一只一百元的手錶也要討價還價，但也有些顧客，即便看上的是一只一萬元的手錶，眉頭也不皺一下。你們應該明白，我願意為哪種顧客服務。」

聽完這番話，夫婦倆放下手錶，忿忿地離開了那家表店。

不妨思索一下，這位店員的言語得體嗎？相信答案絕對是否定的。過於尖刻的言語會得罪上門的客戶，將到手的生意推出去，怎麼看都不划算。

•表達意見時，充分讓對方理解

有一次，一家美國公司向日本某企業進行推銷。從早上八點開始，美國公司的業務代表詳盡地介紹他們的產品，利用投影機把所需的圖表、圖案、報表打在螢幕上，熱情洋溢地宣傳著。

兩小時後，介紹終於結束，美國代表用充滿期待和自負的目光看著台下的三位日本商人，問道：「你們覺得如何？」

第一位日本人笑了笑，搖了搖頭說：「我沒聽懂。」

第二位日本人也笑了笑，跟著搖了搖頭。

第三位日本人什麼也沒做，只無奈地攤開了雙手。

美國代表大受打擊，面無血色，只見他無奈地靠著牆，有氣無力地說：「這是為什麼呢？」

爲什麼近兩個小時熱情洋溢的辛苦介紹，最終毫無效果？

答案其實很簡單，因爲美國人只單方面地按照自己認爲合理的表達方式去做介紹，並沒有站在對方的角度，顧慮到對方是否能夠接收並理解，因而導致了「鴨子聽雷」的狀況。所以，在與客戶溝通的時候，一定要確認自己的表達能夠得到對方的充分理解，以確保溝通的效用。

●尊重對方

每個人都渴望受到尊重，在商場上更是如此。因爲沒能付出應有尊重，導致破壞了溝通的氣氛，相當不值。

爲了確保合作愉快，一定要把你的客戶當作重要人物來對待，讓他們體會到，你確實付出了特別的尊重，更看重彼此的合作。讓他清楚，你時時把他擺在重要位置。如此一來，自尊心得到了滿足，自然樂於再次合作。

不僅只有商場，現實生活中的狀況也是同樣，每個人都希望自己的特點和風格能被人接受並得到重視，都渴望獲得來自他人的尊重和信任，不願被等閒視之。用尊重態度待人，絕大多數溝通難題都能迎刃而解。

掌握技巧，讓談判收到實效

除了聆聽對話內容，還要注意表達的方式，抓出「隱藏在字裡行間的真正意思」。

要讓語言這項武器發揮最高戰力，就要懂得站在對方的角度，說對方最聽得進去的話語，間接傳達自己想要傳達的意思。

說服對方，使原先持相反意見者改變初衷，接受你所提出的建議，正是溝通和談判的主要目的。

要達成這目標並不簡單，需要很高的口才技巧輔助。

歸納起來，強化說服的小技巧主要有五項：

•用互惠互利說服對手

強調互相合作、互惠互利的可能性和現實性，激發對方在自身利益認同的基礎上，進一步接納你的意見和建議。

在買賣雙方各持利益的前提下，彼此意見相左、互相猜疑，影響談判進行與達成協議的可能是常見的事，因此要想成功，首要在於有效說服。

當對方懷疑自身利益受到不公正待遇或遭遇損害時，千萬不要馬上駁斥甚至攻擊，因爲維護利益是正當行爲。產生爭執的時候，最重要的是用共同利益加以說服，使對方明白一方獲取利益並不代表另一方就要受到損害，而是雙方互惠互利，取得雙贏。

找出並強調共同利益，正是說服工作的根據所在。

●保持謙虛有理的態度

溝通過程中難免會有令人不滿意的情況產生，雙方都會面臨一些必須克服的反對意見，因此需要拿出能說服對方的正當理由。若對方的意見正好點出自身產品或服務的缺點，應當認眞地傾聽、改進。

最好明確表示你了解他們所說的內容，並願意切實改進，虛心聽取意見的態度具有一種無聲的說服力，能使對方最終同意你的觀點，並心甘情願地在合約上簽下名字。

若是與利益協調相關的問題，你應當在虛心聽取意見之後，搜集更多的資料，讓對方充分地了解實情。

切記，用資料說服對手，比單純憑藉語言更能打動人心。

●複述對方的談話觀點、內容

一旦對方開始講話，就要透過複述或筆記表現出你的專注聆聽。

複述指準確簡潔地重新表述對方的意見，這樣做的目的，在檢驗自己是否正確理解聽到的話，並鼓勵對方進一步詳細解釋他的意見。在提問——回答式的討論過程中，複述還能確保每個人都能聽到正在討論的內容。

要想複述得準確，首先必須拿出耐心，把話聽完整。過程中注意主要思想、表述方式和主題，並且進行組織，而不要馬上評判它們的對錯。

下一步，重複幾個關鍵字或總結主要思想，例如「也就是說，您提出三條建議……」，而後列出主要思想諸如「您主要擔心的問題似乎是……」

●聽出字裡行間的意思

除了聆聽對話的內容之外，還要注意表達的方式，力求抓出「隱藏在字裡行間的眞正意思」。

注意講話者的音調、音量、面部表情以及肢體動作。最好能同時帶入感情，想像自己若處於同樣處境會有什麼感覺。將心比心，更有助於理解。

●適當地做點記錄

某些情況下，你可能需要在聆聽同時做筆記。

做筆記能夠說明你對正在討論的話題感興趣，並準備追隨講話者的思路。做筆記的時候不需要太詳盡複雜，能抓到重點即可，才不至於因此失去與交談對象的目光交流聯繫。

表示出願意放下身段、眞誠理解的態度，輔以眼神交流、做筆記、將心比心等小技巧，可望有效加強自身的說服力，使言語更具魅力，促進達成共識，使談判順利成功。

別輕忽與朋友相處時的言談態度

馬克．吐溫說：「靠一句美好的讚揚，我們能多活上兩個月。」這話雖然有些誇張，但明白彰顯了言語的力量，超乎想像。

培根曾說：「把快樂告訴一個朋友，你將得到兩個快樂；把憂愁向一個朋友傾吐，你的憂愁將會被分掉一半。」

相信沒有人會否認朋友的重要，他們能分享我們的正面與負面情緒，扮演生活中不可或缺的陪伴、支柱。但是，你懂得與朋友溝通交談的正確方法嗎？

與朋友談話，應遵循以下幾個原則：

- **少講客套話**

倘若你到一位朋友家裡作客，對方對你異常客氣，你每說一句話，他只有唯唯而答，滿口客套，一副惟恐你不高興、開罪於你的模樣。如此情況下，你必定會因此覺得有如針芒刺背，坐立不安吧！

你曾經歷過類似情形嗎？或者，你曾如此對待過自己的朋友嗎？

客氣雖然是一種禮貌，但必須斟酌狀況與對象做調整，而不是毫無節制地濫用，否則非但不能使人舒適，反倒感覺痛苦。

對於已相當熟識的朋友，談話的最主要目的，在於溝通雙方的情感，增加彼此的興趣，而客氣話，則好比橫阻在中間的牆，如果不把這堵牆拆掉，就只能做極簡單的敷衍酬答而已。

朋友初次會面，客套話在所難免，但第二次、第三次會面就應少用如「閣下」、「府上」等詞，不然無法建立眞摯的友誼。

客氣話的用途，是用來表示恭敬或感激，而不是用來敷衍朋友的，所以要適可而止，以免流於迂腐、浮滑、虛僞。

若有人替你做了一件小事情，譬如倒一杯茶，表示「謝謝」即可，最多說句「眞是不好意思，麻煩你了」，但是有些人卻像領受了什麼大恩大德一樣，滔滔不絕地說：「呵，謝謝你。眞對不起，我不該拿這些小事情麻煩你，怎麼好意思呢？這種事情我自己來就行了，實在是……」

相信任何人聽見，都會覺得不舒服。

說客氣話的時候，像背熟了的成語似的，十分公式化地說出口，最易使人討厭。講話態度應溫雅，不可顯得過於急促緊張。還有，切記保持身體平衡，過多的打躬作揖、搖頭作態，反而更不「雅觀」。

把平時過分客氣的言詞改得坦率一些，一定可以享受到友誼之樂。

●朋友面前不自大

愛自我誇大的人是找不到好朋友的，因爲他們自視過高，不大理會別人的意見，只顧著自我吹捧，寧可和那些滿口奉承的人做朋友。

可想而知，如果讓這種人做生意，他會覺得只有自己才配賺大錢；如果讓這種人成爲藝術家，他絕對會以爲自己是一代大師。

但，眞正有修養的人不會隨便誇耀自己，過分自大者通常難成氣候，也很難與人展開良好的溝通。

千萬不要故意地與人爲難。有的人專門喜歡表示自己和別人的意見不同，如果你說這是黑的，他就硬說這是白的，下一次你說這是白的，他又反過來說它是黑的，這種處處故意表示自己與別人看法不同的人，和處處隨聲附和的人一樣，都是不老實的，會被人看不起，甚至被憎惡，是不忠實的朋友。

說話本身不是目的，表達自己的感情並與他人建立良好關係才是最大意義。相信沒有人願意做一個口才好卻不受歡迎的人，所以，不要爲了刻意表現說話口才而四處逞能，惹人憎恨。

好口才一定要用在正確的地方，才可能在人際交往中吃香。

很多人都有一種毛病：聆聽他人說話時，若發現其中有任何一點與自己的意見不同，就立刻強硬地提出異議，導致爭執產生。

一個眞正會說話的人，當碰上這種場合，會記得先說明哪一點或者哪幾方面，自己能夠同意，然後才指出雙方意見不同處。這樣做，對方不僅不會因爲面子掛不住而翻臉，也能從言語態度中感受到誠意。

不要抹煞朋友提出的意見，不僅要給予尊重，更該盡可能地稱讚其中優異、出色的地方。如此一來，何愁談話不融洽？

交談時，無論你和對方的意見差距有多大、衝突得多麼厲害，都要拿出一切可以商量的胸懷，並且相信無論有多艱難，都有辦法藉言語取得折衷平衡點，不致造成僵局。

●誠心地讚美朋友

對朋友發出一番讚美之辭，不僅是加深友誼的成功秘訣，也能喚醒對方的潛在力量，提升自尊心，一舉從艱難困苦中超脫。

現實生活中，需要用到讚美的場合很多，因爲無論對自己、對他人，讚美的影響都是積極正面的。遺憾的是，人們對於司空見慣的事太不注意，沒有意識到人心對讚美的需要，平白浪費掉這項言語利器。

莎士比亞有句名言：「我們得到的讚揚，就是我們的薪資。」

從這個意義上說，每個人都可以是別人「薪資」的支付者，也應該慷慨地把這份「薪資」支付給你的朋友。

回想一下，平時最常聽到的抱怨是什麼？必定不是「太累了」或「太苦了」，而是「我做了這麼多，卻得不到一點肯定或感激」。由此可知，人們確實需要得到讚美，但肯付出這筆無形「薪資」的人實在太少。

有人說，讚美是一筆投資，只需片刻思索就能獲得意想不到的報酬，這話有些道理，但似乎又含有太多實用主義的功利味道。讚美不應該僅僅爲了報酬，更是溝通情感、表示理解的方式，如同微笑，是照在人們心靈上的陽光。

馬克．吐溫說：「靠一句美好的讚揚，我們能多活上兩個月。」這話雖然有些誇張，但明白彰顯了言語的力量，超乎想像。

因此，即使是和要好的朋友相處，言語上的態度拿捏也不容輕忽。

適度自誇，是高明的說話方法

並不是身處任何場合、從事任何事情都適合謙虛。過度自謙退讓的說話態度，反而容易給人「沒用」的錯覺。

謙虛是一種美德，更是有效拉近自己與他人間距離的說話秘訣，但不可過分濫用，否則將產生反效果。

事實上，當某些特定時刻，我們非但不可謙虛，更要極力自誇。

從古至今，「自誇」的成效驚人已是不證自明的道理。毛遂若不勇於自薦，自身長才必定不會被發掘。蘇秦、張儀遊說列國，鼓吹合縱或連橫，都是在自讚自誇外交方針、軍事策略的高明。

由此看來，早在春秋戰國時代的外交舞台與上層社交場合，自讚自誇就已成爲極普遍的現象。可惜的是，後來的人際交往演變，卻逐漸形成了一種偏激而保守的傳統見解，視自謙自貶爲美德，視自讚自誇爲狂妄。

現代化開放風氣下，商品經濟發達，人際交往頻繁，新產品、新精神以及新行業、新知識和新人才不斷湧現，導致了競爭的激烈白熱化。若不懂得適度自誇，你的優點會有誰知曉呢？

務必要釐清一個觀念：自讚自誇與自吹自擂，兩者是截然不同的。前者以事實爲基礎，講究說話的方式方法，進行適當的藝術加工；後者則純屬不顧事實眞相牛皮、空話。

那麼，如何才能做到適度、聰明的自讚自誇？

自讚自誇的首要法則，要實事求是，符合實際情況，符合科學規律。誇大其詞達到違反常規的地步，只會降低可信度與效果。

其次，自讚自誇應有明確的目的。無論是招聘人才、購買商品，都有一定的規格、要求，若你的優點非對方所需，你的長處非對方所急，再高明的自讚自誇都無異於對牛彈琴。而要了解對方的所急所需，就必須事先進行調查，掌握眞實現況，做到知己知彼，心中有數。

再者，自讚自誇既可以直接出自本人之口，也可以轉借他人之口，最好還輔以如獎狀、獎品、名人評介、新聞傳播媒體的表彰……等等證明，增強可信度和說服力。

另外，最重要的，自誇千萬不可過度，以免引起聽者反感。最聰明的方式是做到小貶大褒、輕貶重褒，既體現實事求是的態度，又給人留下謙虛的好印象，全然無損自身形象。

我們當然不能否認謙虛的好處，然而，並不是身處任何場合、從事任何事情都適合謙虛。過度自謙退讓的說話態度，反而容易給人一種「沒用」的錯覺，實際上並不聰明。

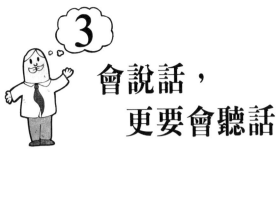

3

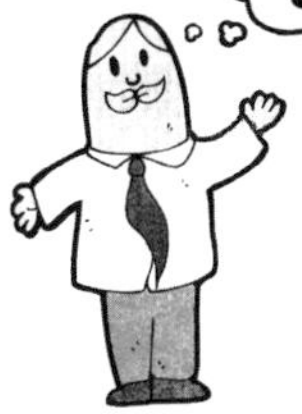

會說話，更要會聽話

有良好口才的人，
必須同時擁有良好的「耳才」，
很會說話的人，
同時必須是很會聽話的人。

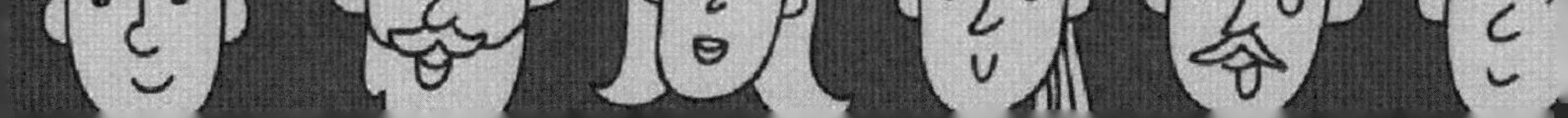

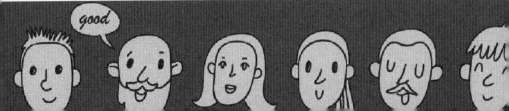

技巧傾聽，將距離拉近

期望事業成功，人際關係順利，走遍四方，無往而不利，就要訓練自己聽別人想說的事情，說別人喜歡聽的話。

設身處地想像一下，如果你在向顧客推銷、介紹某樣產品時，不斷地遭到打斷或爭辯，又或者對方一邊聽、一邊做著別的事情，表現出不耐煩的模樣，你會有什麼感受？

一定覺得對方根本沒有在聽你說話，對你一點也不尊重吧！

確實，每一個人都希望自己說話的時候，別人能認眞傾聽，且給予適當的回應，能了解並體會自己說出的每一句話、每一個字。

這就是人性。所以，曾有一位著名的經濟學家說：「關於成功的商業交易，沒有什麼不可告人的秘訣，注意正對你講話的每一個人，表現出專注聆聽的模樣，如此就好。事實上，沒有任何事情比這一點更令人開心了。」

身爲店員或推銷員，往往對自己的商品或服務有著宗教狂熱般的熱忱，希望把自己的積極喜悅傳遞出去，和所遇見的每一個人分享，因此只要碰上任何一個人，就開始喋喋不休地訴說。這是不行的，在和陌生人初接觸的當下，千萬要克制傾訴慾望，改以耐心的傾聽相待。

畢竟，學會傾聽，我們才能知道自己該說什麼話。

傾聽，是關注別人、心中有愛的體現，有助於了解對方的基本情況和需求，爲進一步的深入準備。此外，能讓對方感覺到友善和尊重，因而同意建立關係，成爲朋友。不過，當一個好的傾聽者並非易事，下面提供幾種技巧：

1. 直視說話者，不要分心。
2. 將注意力集中在字句的意義上。
3. 以坦蕩的態度傾聽，不要存有偏見。
4. 偶爾發出附和，諸如「天哪」、「後來呢」、「真是的」、「太可怕了」、

「太好了」、「好糟糕啊」、「原來如此」……等等。

5.即便已經知道答案，也不要打岔。

6.試著少說話，除非必要。

7.對他人遭遇的各種問題，表示興趣或關心。

千萬記住一個觀念：與你談話的人，對他自己、他的需要，比你以及你的問題要感興趣的多，甚至可以說，他的牙疼比南極臭氧層的破洞更值得關心。

下一回，不論是在旅行、參加聚會或者理髮、看病的等待時間，若有機會與人攀談，不妨試著多鼓勵對方談談他自己，而你則耐心地聽，巧妙地提問，幫助對方發洩情緒同時，也盡可能地多收集相關資料。你將會發現，因爲善於聆聽，讓自己獲得了一個朋友。

當然，期望拉近人與人之間的距離，使人際相處順利，光靠當個好聽衆還不太夠，進一步來說，你必須學著「引起興趣」。

面對陌生人，怎樣才能找到讓對方感興趣的話題呢？

根據場合，你可以透過不同策略的運用，概略地抓出對方的喜好，從而促使談話開展。

•用眼睛觀察

如果你身處對方的住家或辦公室，那麼就迅速地觀察一下，裡面是否有些什麼不尋常的東西、特別的擺飾、不一樣的室內裝潢，或者可愛、名貴的寵物，又或者對方的穿著打扮，飲食習慣上，是否有任何特別醒目的地方。

以自己觀察到的特殊事物切入，作爲開場白，將很容易引起對方的興致，打開話匣子，大談特談。

例如你到了顧客家裡，看到牆上掛著一幅國畫或一幅大型的扇面，就可以用欣賞的語氣說：「這扇面相當漂亮，很有特色，應該很有一番來歷吧！」

不過簡單的一句話，卻切中對方最得意的「事蹟」，於是他可能一反原先冰冷態度，開始滔滔不絕介紹曾有的一次遊歷或其他難忘故事。

如此談下來，自然有效拉近了彼此的距離。

•用耳朵聆聽

認真地傾聽別人談話，從中獲取訊息。對方不假思索的反應，重複多次的話語，或者特別的表情和語調，在在都足以提示你眞正感興趣的是什麼。

例如，在聚會的場合裡，聽到身邊某位客戶表示對釣魚很有心得，說得頭頭是道，你一定要馬上記在心裡，日後若有機會，便可藉自己最近想學習釣魚之類的理由，與對方展開聯繫。

●開口發問

凡是屬於社交性、較熱鬧的場合，不妨直接詢問對方的職業，孩子在哪兒讀書，平時有什麼消遣，去過什麼地方旅遊，喜不喜歡昨晚的電視劇（或對最近轟動的電影、暢銷書、運動比賽的看法）等等。

從無傷大雅、不傷感情、不涉及隱私的問題著手，是最萬無一失的法則。鼓勵對方談談自己，往往會收到出乎意料的好效果。

如果我們期望事業成功，人際關係順利，走遍四方，無往而不利，就要訓練自己聽別人想說的事情，並且說別人喜歡聽的話。

會說話，更要會聽話

有良好口才的人，必須同時擁有良好的「耳才」，很會說話的人，同時必須是很會聽話的人。

不僅會說，更要會聽，這樣的人才眞正吃香。

談話時，大凡你一句我一句地講，你一段我一段地講，或者只講不聽、只聽不講，都不能算是眞正的談話。

我們應該知道，自己所要追求的口才，不僅只注重講，還包括了聽在內；不只是口的問題，更與耳脫不了關係。

當腦子裡有希望表達的思想產生，自己把它變成語言，經過口唇的動作發出聲音以後，還要經過對方的耳膜、耳神經，傳達到腦子裡，才算完成。但這時候，印在對方腦子裡的那一點意思，是不是跟最初自己所要表達的完全一致呢？這是擅長說話者最關心的課題。

追求說話能力的提升，不僅限於關心自己口中說出的話，更要理解對方腦子裡接收到的訊息究竟是什麼。

說穿了，一切關於口才的藝術，最後所追求的，就是自己的話在對方腦子裡所發生的印象及效應——要對方明白自己的話，相信自己的話，更願意照自己的話去行動。

你必定會問，要怎麼知道對方心裡在想些什麼呢？答案非常簡單，主要就是靠「聽」。要小心地聽對方講話，更要好好地練習如何聽別人說話，抓出對方真正想傳達的意思。

一般人聽別人說話時，都是相當不仔細、漫不經心的，動輒漏聽或者誤解。因此，關於對方的認識，免不了流於片面，充滿錯誤。如此一來，怎麼能夠希望自己的話抓住聆聽者的心，引起興趣，甚且說中心事呢？又怎能針對他心中的疑慮，進行有效的解釋呢？

許多人都以爲能夠滔滔不絕、口若懸河、一大套一大套地講個不完，就是有口才，但這想法並不正確。只顧著自己講，一點也不在乎別人聽了會怎麼想，這類人，即使講得很不錯，也不能說他的口才很好。

眞正擁有極佳口才者，並不一定講得很多，而是妙在能了解別人的心情和看法，三言兩語就使人感到佩服。

這種人的最大優勢，在善於聆聽。

你極有可能要問：「如果別人始終不開口說話，怎麼辦？」但口才很好的人就是有這樣的本事，使人說出自己的意見來。

會說話的人，不但自己會說，還擅長於聽，更有辦法使別人主動開口說話、高談闊論、暢所欲言、開誠佈公，甚至於推心置腹。

當然，只要有心，無論多麼複雜的東西，都有辦法學會。從最簡單的、最基礎的部份開始，持續不斷地練習，任何人都可以在對談進行過程中明確抓住別人的說話要點。

在別人說完一段話以後，我們應要求自己分析出這一段話的意思，主要涵蓋了哪幾點。試試把聽到的話記下來、轉述出來，告訴朋友或家人，如此將可以更有效率地提高自身的聽話能力，不僅抓住對方說話的細節，連講話的用語、聲調和表情都不放過。

有良好口才的人，必須同時擁有良好的「耳才」，很會說話的人，同時必須是很會聽話的人。

會說話的人，在說的時候，絕不只僅憑自己的意思一味地滔滔不絕。事實上他在未說之前、說的時候、說完之後，都對一件事情非常關心，那就是——自己的話在對方耳中聽起來，究竟如何。

不輕忽觀察與傾聽，說話能力更精進

一個口才好的人，不只用口，不只用耳，而且還要用眼。耳朵與眼睛兼備，才能讓口才達到真正完美的境界。

一個口才好的人，無論在自己說話的時候，或是對方說話的時候，總是隨時地留意著對方面部的表情、眼神、姿態，以及身體各部位的細微變動。

舉個例吧！在你說話的時候，如果對方兩眼忽然發亮，那是什麼意思呢？如果眼神好像很茫然的樣子，又是什麼意思呢？

如果聆聽者聽了某一句話，忽然笑出聲來，那是什麼意思呢？是開心的笑，還是不以爲然的笑呢？

如果對方打起哈欠來，如果對方的手指不安地亂動，甚至是暗暗把拳頭握緊……

這些小動作，又可能代表著什麼？

自己說話時，要留意聽者的反應，聆聽他人當對方說話時，更是要把眼睛和耳朵都集中在對方身上。

一個人並不只用語言來傳達自己的思想感情，特別是一般人，對說話、文字運用，都沒有經過適當的訓練，說出的話常常不能恰當地表達心意，因此在言語無能爲力時，就需要藉神態和動作來補充。

最明顯的例子，當他們感覺到自己說出的話不太正確的時候，常常會用力地猛搖幾下頭；而一面說一面點頭，則是因爲很滿意當下正在說著的話；若是在說話的時候皺起眉頭，則代表他們不曉得說出的話是否正確，感到疑惑。

講話者的聲調，往往傳遞著重要訊息。同樣一句話，用不同的聲調來說，便象徵了不同的意義。

一句話裡面，將哪個字說得重一點，將哪個字說得輕一點，足以使這句話本身的涵義產生或大或小的變化。

可是，在聽人說話時，如果你只用上耳朵，沒有用眼睛去捕捉對方的動態表情，那無論你將對方聲調的變化把握得如何細緻精當，仍可能會漏掉許多可以用眼睛發現的重要消息。

許多人都有一種壞習慣，聽別人講話時，不是低著頭，就是兩眼望著別處，總不肯望著說話的對方。

如果問他們爲什麼要這樣呢？他們往往會回答說，我不覺得有去理會注意的需要，或者說，我覺得有點不好意思。

相對的，也有些人會用眼睛死死地盯著說話者，好像發現小偷或看見絕世美女一樣。這種態度同樣會使說話者感覺不舒服，並不妥當。

必須釐清一個觀念：問題的癥結點並不在於兩眼望人這件事本身，而在於你望人時的心理狀態。

用眼睛看人，固然有時候是在偵察，但更多的時候，是在認真地注意對方說的話，是在熱切地關心對方，更是在誠懇地尊重對方，細膩地體貼對方。所以，用眼望人，在大多數場合是禮貌的，只要你對人無惡意之心，且充滿熱情，就不會害羞，也不至於無禮。

在練習口才，用口說話之前，必須先學習會用耳、用眼。用你的耳目去了解、把握、體貼對方，你口裡說出的話才會深入對方的心坎，這才是口才的最高成就。

時時提醒自己，想要提升自身具備的說話能力，先不要急於說，先聽，先看，聽人怎麼說，看人怎麼講。

一個口才好的人，不只用口，不只用耳，而且還要用眼。耳朵與眼睛兼備，才能讓口才達到眞正完美的境界。

聽話的才能和修養，影響極廣

生性較神經質、苛刻的人，會從他人講話與聆聽的態度，判斷誰對自己友善、誰又抱有敵意。

所謂談話，必須在講話者和聽話者雙方同時存在的狀況下才能進行，可儘管如此，並不保證一定能夠談得順利。

不知你是否注意到一個有趣的現象：愛講話的人，往往會對愛聽他講話的朋友特別親近，但若換成兩個同樣口若懸河的人湊在一起，便難保不發生衝突。

不妨想想，這是爲什麼呢？

道理很簡單：喜歡說話的人多，願意傾聽的少。由此可知，懂得說話，同時也懂得聽話的人，在社會上最吃香。

若把會說話當成一種才能，那麼，聽話則既是一種才能，又是一種修養。西方大部分都喜歡「聽話」的人，東方人更覺得「聽話」的人好相處，它是虛心、尊重的象徵，更是虛懷若谷的好品德。

常言道：「眼睛比嘴巴更會說話。」觀察別人在聽話時做出的表情和反應，是達到感情交流的重要手段。

曾有專家針對來自五種不同文化環境的學生展開研究，得出相當有趣的結果：儘管他們彼此說著不同的語言，幾乎不能溝通，卻能準確地辨認出對方臉上代表幸福、厭惡、驚訝、悲哀、憤怒和恐懼的表情。

透過這項研究，可以知道，人即便不說話，也能藉臉上的神色傳遞出自己心中的想法，包括喜愛、悲傷、驚喜、遺憾等感情。

接下來，讓我們更深入了解「聽話」能帶來的幾大好處：

●聽話的耐心——交際中佔得便宜

幾位大學畢業生坐在小會議室裡，正在接受新單位的工作分配。人事經理上台簡要地介紹公司情況，此時，畢業生小姚由於已從其他資訊管道獲悉自己將被分配到外銷部工作，因此對經理冗長的介紹滿不在乎、東張西望，甚至偷偷地把隨身聽的耳機戴上，放起音樂來。

不料，就在此時，經理突然宣佈分配方案將有改動，第二天，小姚被告知改到待遇較差的儲運部報到。

他對工作的突然變動感到迷惑不解，實際上，問題就出在他聽講時所表現出的不耐煩態度上。

聽人講話時，要像自己對別人說話一樣，保持飽滿的情緒，專心致志地理解對方講述的內容，即使你覺得內容過於囉唆沉悶，或已經聽懂要表達的意思，也應出於尊重，認眞聽下去。

如果對象是老朋友，你可以適時插入其他話題，引導談話轉向，往彼此較感興趣的內容發展，但對於初識或重要的交際場合，不可輕易這樣做，以免失禮。

●聽話的謙虛——贏得美名

人際交往的主要功能是情感交流，但在過程中，又不能過於感情用事。

許多年輕人都有一個毛病，就是過於自我，不尊重他人，經常不顧場合就打斷別人的談話，自己接下去亂發揮一通。這是非常沒有禮貌的一種表現，殺傷力極大，尤其忌諱在與長輩、上司、師長的談話中發生。

如果「雄辯是銀，沉默是金」的說法確實正確的話，身處有經驗或者富見識者在座的場合，不妨扮演一名熱情的聽衆就好，因爲這不失爲一個能獲得知識、增長見識的良機。

歐美先進國家的談吐心理訓練中，有兩項內容必不可少，第一是講話的分寸與風度，第二就是學會在合宜的時機作稱職的聽衆。

善於傾聽的人，最先也許不大受人重視，不大引人注意，但後來必能受人尊敬。展現出傾聽的雅量，不僅使人覺得你謙虛好學，更使人對你內蘊不露的才能產生敬畏，有利無害。

●聽話的呼應——顯現你的才氣

一邊聽人家講話，一邊做與談話無關的事，是不尊重的表現，因此，不論面對的是地位比自己高或是低的人，都要會心聆聽。當然，偶爾回應一兩句話是很好的，這種積極的呼應，說明你對話題相當留心且具有興趣。

當一個人在講話的時刻，必定無時無刻不關心週遭聽眾的反應。生性較神經質、苛刻的人，會從他人講話與聆聽的態度，判斷誰對自己友善、誰又抱有敵意。與人談話時，不時發出聽懂、贊同的聲音，或有意識地重複某句重要的話，都足以讓對方不自覺地對你產生好感。

很多時候，會心的笑聲等同於一種讚許，傾心聆聽的表露。適度運用，能夠幫助你在與人交流時取得更高的印象分數。

聽話，其實比講話更能體現出一個人的才能和修養。

抓出聽與說之間的平衡點

想要在與人交往時佔優勢、吃香，就要抓好沉默與健談的分際，找到最適宜的平衡點，不說不適宜的話。

多說招怨，瞎說惹禍，絕對不是危言聳聽。正所謂言多必失，多言多敗，適度保持沉默才不至於出錯，因爲這是不傷人的最好方法。

一個冷靜的傾聽者，不但受人歡迎，且能獲取有利訊息。相對的，喋喋不休的人則像一艘漏水的船，凡不愼搭上的乘客，無不希望趕快逃離。

不得不承認，言語是一把雙面刃，它可能使人吃香，也可能使人吃癟。產生的影響力究竟是好是壞，由運用方式決定。

話多不如話少，話少不如話好，多言不如多知。即使千言萬語，也不及一件事實留下的印象那般深刻。多言是虛浮的象徵，因爲口頭慷慨的人，行動一定吝嗇，說話極隨便的人，必定不具備責任心。

一個話說得少而且說得好的人，可被視爲紳士。因此，在我們的人生中，有兩種教訓是不可少的，就是沉默與優雅的談吐。不會機智地談吐，又不懂適時保持沉默，將造成很大的缺憾。

我們都希望擁有好口才，卻也常因話說得太多而後悔，所以，當你對某事沒有太深刻了解的時候，還是保持沉默吧！

當然，沉默不能過分，否則將產生溝通障礙。

少說話固然是美德，可是，人既然在社會中生活，就免不了得說話，而不能完全不說話，不然跟啞巴沒兩樣。

由此，產生另一個問題：既然要說話，該怎麼說才好？

在任何地方、場合，要說話時，最好多說自己經歷過的感慨之言，說心靈深處的衷心之語。說自己有把握的話、說能夠啓迪人的話、說能警戒人的話、說能教育人的話、說溫暖的話、說能使人排憂解難的話。

由此延伸，自身沒把握做到的話不要說、言不由衷的話不要說、傷人的話不說、無中生有的話不要說、惡言惡語不要說、傷感情的話不要說、造謠的話不要說、粗言穢語更不要說。

若是到了非說話不可的重要關頭，你所說的內容、意義、措詞、聲音、姿勢，都必須加以注意，什麼場合，應該說什麼、怎樣說，都要先進行研究。

無論是探討學問、接洽生意、交際應酬、娛樂消遣，從我們口裡說出的話，一定要有重心，更要具體、生動。即便不能達到「不鳴則已，一鳴驚人」的境界，但只要朝這個目標努力，必定會有所發展，得到收穫。

必須知道，想了讓你說出的每一句話確實被人重視，不使人討厭，唯一的秘訣就是說適量的、恰當的話。說出適量的話，能使你擁有較充裕的思索時間，使言語更精采、動人。

在學習保持適度沉默同時，也該要求自己成爲一名好聽衆。

做一個有耐心的聽衆，是談話藝術當中一項重要條件。能靜坐聆聽別人意見的人，必定富於思想並具有謙虛溫和性格，會是受歡迎、被尊敬的角色。

成爲一名好的聽衆，必須滿足以下幾個條件：

首先，必須眞誠。別人和你談話的時候，你的眼睛要注視著對方，無論對方的身分地位多高或者多低，這個大原則都不改變。

只有虛浮、缺乏勇氣或態度傲慢的人，才不正視別人。

別人對你說話時，不可同時做著一些不必要的工作，一方面，這是不恭敬的表示，另一方面，若他在發話途中偶然問你一些問題，你將極有可能因爲不留心而無法恰當地給予回應。

其次，傾聽別人的話時，偶然插上一兩句回應是很好的，不完全明白時，提出疑問也是非常需要的，因爲這樣做正表示了自己對交談的重視與誠意。但不可把發言的機會搶過來，滔滔不絕地說起來，除非對方的發言已明確地告一段落，或明示你可以接過話題，才能這樣做。

另外，無論他人說什麼話，最好不要隨便糾正當中的錯誤，若不愼因此引起對方的反感，你就算不上是一個好聽衆。無論是提出意見或批評，都要講究時機和態度，避免過於莽撞，將好事變成壞事。

有些人常喜歡舊事重提，把一件已經對你說過好幾次的事情說了又說，這通常是深埋在他心裡最難忘的事情，或比較得意，令他高興，或者比較傷心，令他不快。也有些人會把一個笑話重複多次，還自以爲新鮮有趣。

這種情況下，作爲一個聽衆的你，要培養出忍耐的美德，千萬不能對他說，你已對我說過好幾遍了，否則將嚴重傷害對方的尊嚴。你唯一應該做的，是耐心地聽下去，不要表露出厭煩，以博得好感和信任。

如果說話者滔滔不絕，你卻毫無興趣，覺得用時間和精力去應酬他十分不值得的時候，應該用更好的方法使對方停止乏味的話題，並謹守不傷害自尊、尊嚴的原則。最好的方法，是巧妙地引開現下進行的話題，談點別的，而這個別的話題，最好是他所內行的或是所喜歡的題目。

一個人是健談好，還是沉默好？

事實上，兩種都好，也都不好。想要在與人交往時佔優勢，就要抓好沉默與健談的分際，找到最適宜的平衡點，不說不適宜的話。

爭取交往優勢，從傾聽開始

不去傾聽自己如何講話，也就不會知道別人應如何對你講話，當然無從謀求聆聽能力的進一步提高。

無論你與人交往的目的是什麼，都要在學會「說」的同時也學會「傾聽」，讓這兩種優勢相輔相成，才會比他人更吃香。

掌握應該注意的事項，理解「聽的規則」，將能有效提高交往的效率。

聽的十項規則，現列舉如下：

• 弄清楚自己聽的習慣

首先要了解，你在聽人講話時，有哪些好的習慣，又有哪些壞的習慣。

你是否習慣對別人的話匆忙做出判斷？是否常常打斷別人的話？是否經常製造交

往障礙？

了解自己的習慣，是正確運用聆聽技巧的前提。

●不要逃避交往的責任

既然稱爲交往，自然代表有兩名以上參與者，既有說話者，也有聽話者，缺一不可，且每個人都應輪流扮演聽話者的角色。

作爲一個聽話者，不管在什麼情況下，當不明白對方說出的話究竟代表著什麼，便應該藉各種方法使他知道這一點。

你可以向他提出問題，或者積極地表達出你所接收到的意思，以便讓對方糾正聽錯之處。

這種時候，最忌諱的就是一言不發，一點表示也沒有。

●全身都要注意

要面向說話者，與他保持目光接觸，以自身的姿勢和手勢證明正在傾聽。無論自己是站著還是坐著，都要與對方保持適當距離。

畢竟，人人都希望與能認眞傾聽、舉止活潑的人交往，而不願意白費心力與「木頭人」對談。

●把注意力集中在對方說的話上

既然每個人集中注意力的時間不長，你在聽話時，就要有意識地把注意力集中起來，努力把環境干擾壓縮到最小限度，避免走神分心。

積極的姿勢，有助於注意力的集中。

●努力理解對方的言語和情感

不僅要聽見對方傳達的資訊，更要聽出對方表達的情感。

假設有兩名郵差，其中一名這樣說：「我已經把這些信件處理完了。」

另一名則說：「謝天謝地！我終於把這些該死的信件處理完了！」

儘管兩人所出發的資訊內容相同，但後者與前者顯然存在著明顯區別——他還表達了強烈情感。

不僅傾聽講話的內容，更理解說話者的情感，如此細心的聆聽者，必定能準確地理解說者的想法與情緒，取得交往的最高效率。

●觀察講話者的非語言信號

既然人際交往經常透過非語言方式進行，我們不僅要聽對方的語言，更要注意對方的非語言表達方式。

這就要求你留意觀察說話者的面部表情、如何與你保持目光接觸、說話的語氣及音調和語速等，同時，還要注意對方站著或坐著時與你保持的距離，從中發掘出言外之意。

●對講話者保持稱讚態度

對講話者保持稱讚態度，能塑造良好的交往氣氛。

講話者越感受到你的稱讚，就越能準確表達自己的思想。相反，如果你對講話者表現出消極態度，就會引起他的防禦反應，產生不信任感和警戒。

●應努力表達出理解

與人交談時，要努力弄明白對方的感覺如何，他到底想說什麼。

全神貫注地聆聽，不僅表明你理解他的情感，且有助於準確地理解資訊。

●要傾聽自己講的話

傾聽自己講的話，對於培養傾聽他人講話的能力是很重要的。

傾聽自己講的話，可以讓你了解自己，事實上，一個不了解自己的人，很難眞正地了解別人。

傾聽自己對別人講了些什麼，同時也是了解、改變和改善聆聽的習慣與態度的一種手段。

不去傾聽自己如何對別人講話，也就不會知道別人應如何對你講話，當然無從謀求口才與聆聽能力的更進一步提高。

圓融推銷，當然有訣竅

好的說話技巧，不是要你花言巧語去欺騙顧客，而是要以真誠為出發點，利用技巧把話適當地加工，達成交易。

說話技巧是推銷員的必備技能，好口才在消極面可以化解尷尬、避免爭論，從積極面來看，則可以讓你的顧客心甘情願掏腰包，甚至覺得賺到了，開開心心完成一場交易。

以下有七大技巧，你可以像在拼玩七巧板般將這七塊板子互相組合運用，把話說得更漂亮。

●少用否定句，多用肯定句

肯定句與否定句意義恰好相反，不能亂使用，如果運用得巧妙，肯定句可以代替否定句，而且效果更好。

顧客問：「這種衣服還有紅色的嗎？」

若推銷員回答「沒有」，就是否定句。

顧客聽了這話，一定會說：「那就不買了。」於是轉身離去。

如果推銷員換個方式回答，顧客可能就會有不同的反應，比如說：「眞抱歉，紅色的進貨少，已經賣完了，不過，我覺得藍色和白色和您的氣質更相稱，您可以試一試。」

肯定回答不僅巧妙解決缺貨的尷尬，還會使顧客對其他商品產生興趣。

●採用先貶後褒法

推銷員在介紹商品時，要實事求是，但對商品的優缺點介紹仍應有所側重。請比較以下兩句話：

1.價錢雖然稍高一點，但品質很好。

2.品質雖然很好，但價錢稍微高了一點。

這兩句話除了順序顚倒以外，字數和措辭並沒有太大變化，卻讓人產生截然不同的感覺。

先看第二句，客觀存在的重點放在「價錢」高上，因此，顧客可能會產生兩種感覺：其一，這商品儘管品質很好，但也不值那麼多；其二，這位推銷員可能小看我，覺得我買不起這麼貴的東西。

仔細一分析，第一句，它的重點放在「品質好」上，所以顧客就會覺得，正因爲商品品質很好，所以價錢才高。

因此，在向顧客推介商品時，應該先提商品的缺點，然後再詳細介紹優點，也就是先貶後褒。

●言詞生動，語氣委婉

在先貶後褒的同時，要注意言詞生動，語氣委婉。

請看下面三個句子：

1. 「這件衣服您穿很好看。」
2. 「這件衣服很高雅，您穿上像貴夫人一樣。」
3. 「您穿上這件衣服，至少年輕十歲。」

第一句話說得很平常，第二、三句就顯得比較生動、具體，顧客聽了，即便知道你是在恭維，心裡也很高興。

除了語言生動之外，用詞委婉也很重要。對一些條件特殊的顧客，要把忌諱的話說得中聽，讓顧客感受到你的尊重和理解。比如對較胖的顧客，不說「胖」而說「豐滿」；對膚色較黑的顧客，不說「黑」而說「膚色較暗」；對想買低價品的顧客，不要說「這個便宜」，而要說「這個價錢比較適中」。

有了這些語言上的藝術處理，顧客會感到更舒適。

●「是，但是」法

回答顧客異議時，這是一個廣泛應用的方法，它非常簡單，也非常有效。具體來說，就是一方面表示同意顧客的意見，另一方面又解釋了疑惑產生的原因及顧客看法的片面性。

一家園藝店裡，一位顧客正在打量著一株非洲紫羅蘭。

顧客：「我一直想買一棵非洲紫羅蘭，但聽說很難開花，我的一位朋友家中的就從沒開過。」

店員：「是的，您說得對，很多人的紫羅蘭開不了花。但是，如果您給予適當的栽培，它肯定會開的。這個說明書將告訴您怎樣照顧紫羅蘭，請按照上面的要求去做，如果仍不開，可以退回。」

這位推銷員用一個「是」對顧客的話表示贊同，用一個「但是」解釋了紫羅蘭不開花的原因，可以讓顧客心情愉快地改變對商品的誤解。

有時，顧客可能提出商品某個方面的缺點，推銷員則可以強調商品的優點，以弱化被提出的缺點。

例如，推銷員這樣說：「這種沙發，表面是用漂亮的纖維織成的，坐在上面感覺很柔軟。」

顧客：「是很柔軟，但很容易髒。」

推銷員：「您說的是幾年前的情況了，現在的纖維織物都經過了防汙處理，而且具有防潮性，即便弄髒了，污垢是很容易除去的。」

•引導法

對於欲購買商品的顧客，推銷員有時可以透過提問的方法引導，讓顧客自我排除疑慮，自己找出答案。

例如，一位顧客進入商店看冷氣機，並直接表示：「我想買一台價錢便宜點的冷氣機。」

推銷員：「便宜的冷氣機一般都是小型的，您想要小一點的嗎？」

顧客：「我想，大概量販店裡的會便宜一點。」

推銷員：「可是那裡的冷氣機，品質明顯比較差吧！」

顧客：「哦，這樣說也是……」

透過提問，推銷員能讓顧客對於各種型號的商品有一定了解，以幫助進行客觀的比較。

●展示流行法

這種方法就是推銷員透過揭示當今商品流行趨勢，勸導顧客改變自己的觀點，從而接受推薦。

這種方法，一般適用於對年輕顧客的說服。

例如，一位父親想給年幼的兒子買輛玩具賽車。他們來到一家玩具店，兒子想要一輛黑色的賽車，但卻剛好賣完，店員勸說買別的顏色，可是那位孩子固執己見，非要一輛黑色的不可。

這時，經理走過來，笑著說：「小朋友，你看看大街上跑的車，幾乎全是紅色的喔！」

一句話讓孩子改變了主意，欣然選擇了紅色的玩具賽車。

●直接否定法

當顧客的異議來自不眞實的資訊或誤解時，可以使用直接否定法。

例如，一位顧客正在觀看一把塑膠柄的鋸子。

顧客：「為什麼這把鋸子的柄用塑膠而不用金屬製的呢?看起來必定是為了降低成本。」

推銷員：「我明白您的意思，但是改用塑膠柄絕不是為了降低成本。您看，這種塑膠很堅硬，和金屬一樣安全可靠。很多人都喜歡這種樣式，因為它既輕便，又便宜。」

以直接否定法駁斥顧客的意見，只有在必要時才能使用。而且，採用此法說服顧客時，一定注意語氣要柔和、婉轉，讓顧客覺得你是爲了幫助他才提出反駁，而不是有意要和他辯論。

話人人會說，但巧妙各不相同。赤裸裸的內容經過大腦的適度修飾、包裝後，尖銳的言詞可以變得圓滑，忌諱的事實能讓顧客舒服地接受，非顧客在聽了你的話後變成顧客，原本有意願要購買的顧客也能更高興地購買。

但這不是要你花言巧語去欺騙顧客，而是要以眞誠爲出發點，拿出同理心站在顧客的立場，不扭曲事實，利用技巧把話適當地加工，用對方能欣然接受的方式輸送出去，達成交易。

投桃報李，建立良好互動關係

人是感情的動物，抱持「投之以桃，報之以李」的態度與人溝通交往，收效將超乎想像。

正如人與人的溝通很難永遠順暢，商務談判也不可能每一回都順利地達成協議，因爲參與雙方都在密切觀察對方，尋求談話漏洞的蛛絲馬跡，以便取得更多的利益。由於出發點都在確保自己的利益，談判參與雙方常常會有僵持不下的情形發生，使溝通無法順利繼續。

想要使談判變得順利，建立良好溝通模式是必須的。良好溝通模式可以促使雙方以更快的速度完成協定，並且找出對彼此眞正有益的方式，不浪費半點時間在談判桌上。

在談判場合建立良好溝通模式，有以下兩種方法：

●變敵對為合作關係

能把溝通建立在雙方合作的基礎上，談判自然會朝著對彼此都有利的方向前進。因此，談判展開之前，最好先要找出彼此的共同利益，然後努力促成雙贏，使氣氛融洽。

●投之以桃，報之以李

在談判過程中，運用投桃報李的方法，主動釋出善意，對建立良好的談判關係有很大幫助。

在不過分損失己身權益的情況下，滿足對方感興趣的事情，將能促使感激心理產生，爲雙方的溝通建立好的開始，使關係得以往良性方向發展。

在談判桌上，採取與對手針鋒相對、據理力爭策略同時，關心別人、體諒別人、設身處地站在他人立場著想的心態也不可完全忽略，因爲這種溝通方法往往更有利於談判。

人是感情的動物，抱持「投之以桃，報之以李」的態度與人溝通交往，收效將超乎想像。

千萬不要只把談判對手當成敵人，應放下敵意，試著與對方建立良好的互動關係，以求既順利且迅速地達成協議。

更進一步來看，建立良好關係同時，若期望有效戰勝談判對手，可以從以下兩個方向著手：

•談判展開前，先威懾住對手

相信任何人都知道，好的開始是成功的一半，但也明白另一個道理，就是「萬事起頭難」。

開個好頭，對談判來說尤為重要。

談判開始時，每位談判者都要各就其位、各盡其責，針對談判內容展開討論。雖然這個階段在整個過程中只占很小一部分，卻非常重要，因為它將足以決定整場會談的基本方向。

此時，必須採取審慎態度應對，因為差之毫釐，失之千里。

•從對方的立場看待問題

談判桌上，參與雙方在每個問題上的立場，基本上都是完全對立，分歧在所難免。而雙方免不了又都會爲各自的利益據理力爭，想盡一切辦法說服對手，使得談判向著有利於自身的方向發展。

這種時候，人們往往會犯下一個同樣的錯誤，就是只顧自己，而不能從對方的立場看待問題。

雖然舉行談判的目的，就在於爭取對自己有利的東西，但若能稍稍在談判桌上爲對方多著想，將能明顯增強自己的說服力，從而掌握談判進行的大方向。

溝通過程中，最有效的「說服」，是讓別人按照你的想法去做，但絕對爲心甘情願的接受，不包含強求、壓迫等因素在內，這一點，值得所有有志於提升言語溝通能力的人牢記。

4 合宜的措詞可以助你佔盡優勢

措詞反映了一個人的素質和能力，

是給人的第一印象，

應當努力提升，

才能在與人溝通、交往的過程中佔得優勢。

合宜的措詞可以助你佔盡優勢

措詞反映了一個人的素質和能力，是給人的第一印象，應當努力提升，才能在與人溝通、交往的過程中佔得優勢。

想要把話說好，讓自己事半功倍，光知道如何運用聲音、語調、姿態是不夠的，現在，讓我們來研究如何用「字眼」。

說話時，字眼不需太多，簡潔、通俗即可。

有些人在敘述一件事情時，會拚命地說出許多，最終還是沒有把自己的意思表達出來，白費了很大的時間與精神，卻不能讓聽者抓到話中的焦點。

犯這種毛病的人，一定要盡力糾正過來。

改正的方法，就是在話還未說出之前，先在腦子裡考慮，打好一個自己所要表達的輪廓，再付諸言語。透過長時間的訓練，能使你在說話時很快地抓住中心，明白確切，讓聆聽者將內容聽清楚。

答應別人一件事，其實用上一個「好」字就夠了，偏偏有些人喜歡囉囉唆唆說上一大堆，不僅浪費時間，而且可笑。

除非是要特別引起別人注意，或特別要增強力量，否則平常對話時，最好少用疊字或疊句。

此外，如果你是個太講究客氣的人，最好還是改變一下自己的作風，因爲過猶不及都不是好事情，在這社會上，凡事都該懂得適可而止。客氣話說得太多，反而會讓聆聽者渾身不自在。

同樣的，名詞也不可用得太多，特別是艱澀的專有名詞。

試想，若有一個人在解釋物質不滅原理時，於短短幾分鐘內，將其中某個科學用語運用高達二、三十次之多，會收到好效果嗎？

答案自然是否定的，無論多麼新奇有趣的名詞，用太多都會引起厭煩，失去它本身的價值。

有人說，第一個用花來比喻女人的人是聰明的，第二個再用這個比喻的人便是庸才了。誰不愛新鮮？陳述一件事情時，把一個名詞在同一時間內重複使用，算不上高明。

再者，應避免用同一個名詞形容各種不同的事物。

有一位幼稚園老師正在對學生說故事，說到公主，她說，公主是很美麗的，說到城堡，她也說，這城堡是很美麗的。緊接著，說到森林、小羊、野花、遠山等等，無不用美麗這二個字來形容。如果你身爲學生，能夠隨這樣單調枯燥的言語遨遊於美好的情境中嗎？恐怕很難吧！

用不同的字句調劑自己的言語，更能增加聽者的興趣。

將這個概念引伸，一個擅於說話的人，應儘量避免「口頭禪」。

當一個語句成爲口頭禪，你會很容易被它束縛，無論想說什麼，也不管是否適用，都禁不住脫口而出。

這毛病不僅容易招來他人的取笑，也無助於提高自己的說話能力，甚至還會讓表達力大打折扣，所以，凡是和自己所說的事情本身毫無相關的口頭禪，還是盡力避免爲妙。

字爲文章的衣冠，言語則爲個人學問品格的衣冠。

有許多人相貌堂堂，看上去高貴華麗，可是一開口就滿口粗俗俚言，使人聽了大倒胃口，原有的敬慕之心消失無蹤。

這情形並不少見，可惜的是，當中某些人並非學問品格不好，不過一時大意，犯了這種錯誤，不曉得應力求改正。

俏皮而不高雅的粗言，人們初聽可能覺得新鮮有趣，偶爾學著說說，積久便成習慣，結果到最後無法控制，隨口而出，往往導致反感。

日常生活中，大家都習慣於不拘小節，但若在正式社交場合上，脫口說出不雅、不得體的話，問題可就大了。

身爲學生者，尤其應當謹記，學校裡，常有特殊流行的語彙產生，或許在同學間可以肆無忌憚地說，大家還感到很有趣，但來到學校外，離開這個特殊環境，就以不說爲佳，以免讓聽者感到難堪，更陷自己於尷尬境地。

可以用幽默有趣的話語來表現你的聰明、靈活、風趣，但不可與低級刻薄的言語混爲一談，那只會更突顯你的鄙劣、輕佻和淺薄。

在一個陌生人面前，說錯任何一句話都可能把你的地位降低，讓人家瞧不起，不可不小心謹慎。

當然，也不可因爲這樣就「矯枉過正」，滿口深奧的名詞，讓聽者如墜入五里霧中，根本不懂你在說什麼。

措辭的深淺，需視聆聽對象的需求與程度拿捏，適度即可。

措詞反映了一個人的素質和能力，是給人的第一印象，應當努力提升，才能在與人溝通、交往的過程中佔得優勢。

抓不準時機，注定白費力氣

心情好時，「無所不樂」；心情不好時，「無所不愁」。與人說話時，必須把這作為一個重大前提加以考慮。

無論一個人說話的內容如何精采，只要時機掌握得不好，就無法達到理想的目的。因為聽者的內心感受或衡量標準，往往隨著時間變化而變化，要對方願意聽你的話，或者接受你的觀點，必須選擇最適當的開口時機。

這有如一名參賽的棒球選手，雖有良好的技術、強健的體魄，但若沒能把握住擊球的「決定性瞬間」，無論是早是遲，揮棒都注定落空。

所以，時機非常寶貴。

但是，何時才是「決定性的瞬間」呢？如何判明並抓準，並沒有一定的規則可循，主要還是取決於談話當時的具體情況，憑藉自身的經驗和感覺下決定。

例如，在討論會上，要是先發言，雖可於聽衆心中造成先入爲主的印象，但因時間點過早，人們尚未適應而不願意隨之開口，氣氛往往較沉悶。相對的，若是後講，雖可進行歸納整理，或針對別人的漏洞，發表更爲完善的意見，但因時間點太晚，聽衆都已經感到疲倦，期望儘快結束休息，未必願意再談下去。

據此，專家在研究後指出，當要於研討會之類的場合發言，最好是在兩三個人談完之後及時切入話題，效果最佳。此時，氣氛已經活躍起來，不失時機地提出你的想法，最容易引起關注。

此外，爲表尊重，考慮對方何時有較大興趣，這是必須的。

人們白天忙了一整天，下班後，難免帶著一天的勞累回到家中。如果這時家人不體貼，一開口又是訴苦、又是告狀，再有耐性的人也難免感到厭煩。

因此，爲人妻子兒女，若是有話要對丈夫、父親說，不妨先把「苦」擱在一邊，等對方放鬆下來後，再慢慢把感到困擾不滿的事情說出來，以求得到對方的理解和支援。

許多爲人妻、爲人母者，都會對孩子說一句話：「有什麼事，等你父親吃過飯以後再說。」不得不承認，這眞是一句金玉良言，因爲多數情況下，人在飯後的心情最穩定。

儘管場合、時機都與人的心境變化有關，難以一概而論，但是，把心境單獨提出來，作爲一個獨立因素探討，仍是必要的。

俗話說：「出門看天色，進門看臉色。」看了臉色，才決定說什麼話。這裡所謂「臉色」，是心境顯現於臉部的表情。

心情好時，「無所不樂」；心情不好時，「無所不愁」。與人說話時，必須把這作爲一個重大前提加以考慮。

選擇適當的時機，說出的話才能收到最大效益。

讓好的開始帶來成功的一半

談話的開頭先搬出一件令人震驚的事實，能夠在最短時間吸引聆聽者的注意力，引發追根究柢的「懸念」。

一個優秀的談話者，會設法在開口同時就抓住聽眾的心，牢牢吸引住他們的注意力，以求收取最大效益。

因此，有志於提升口才者，應用同樣的標準來要求自己——與人談話時，要在一開頭就展現出磁鐵般的吸引力，抓牢聽眾。

下面提供一些方法，不妨試試：

• 從故事開始說話

一般來說，最普遍使用的材料，有幽默笑話和較一般的故事。

幽默的故事不可妄加使用，除非講話的人確實有幽默的秉賦，否則效果不會太理想，還可能流於尖酸。

而後一類故事，有具體生動的情節，多能達到吸引聽眾的目的。

• 從展示物品開始說話

展示物品可以是一幅畫、一張照片或一件其他實物，只要有助於闡述思想就行。甚至直接在一張紙上寫幾個字，也能引起話題。

• 用提問方法開始說話

藉提問展開話題，聽者就會按提出的問題進行思考，從而產生想要知道正確答案的慾望。

• 用名人的話開始說話

縱橫政界、商界、社交界的名人，在一般人的心目中是崇拜的對象，他們的話多有一種強烈吸引力。

• 用令人震驚的事實開始說話

談話的一開頭先搬出一件令人震驚的事實，能夠在最短時間吸引聆聽者的注意力，進而引發追根究柢的「懸念」。

・用讚頌的話開始講話

人總是喜歡聽好話，因此，講話者在話題開始時，可以適度地讚頌對方，這樣一來，氣氛會很快地活躍起來。

・用涉及聽者利益的話開始講話

把自己的講話內容，與聽者的切身利益聯繫起來，營造出「生命共同體」、「休戚相關」的氣氛，必能引起聽者的關注和重視。

・從有共同語言的地方開始講話

尋找共同語言是拉近距離的好方法，可以涉及以往的相同經歷和遭遇，也可涉及雙方目前的密切合作，還可以展望友誼的發展前景等。

有經驗的說話者，都在長期的實踐中體會到一個事實：在最初十分鐘內，吸引聽眾是容易的，但是要保持這個狀況就困難了。因此，掌握好的開場技巧只是一項基礎，期望讓口才更上一層樓，還需繼續努力。

巧妙的問話讓聆聽者樂於接話

提問，正像打羽毛球的發球，你以對方的特長發問，就像特意發了個容易接的球，對方當然樂於接球。

讓我們先來聽聽下面這則笑話：

有一天，一位修士在做禮拜時，忽然熬不住煙癮，便詢問主教：「祈禱時可以抽煙嗎？」結果，遭到了主教的斥責。

不久後，又有一位修士也犯了煙癮，靈機一動，換了一個方式問道：「我可以在吸煙時祈禱嗎？」

主教一聽，不但沒有動怒，還讚許他的信仰虔誠，答應了這個請求。

由此可見，說話需要技巧，說得越巧，越能居優勢。

在會議上，我們經常可以聽到主持者這樣發問：「各位對此有何高見？」從表面上看，這種問話很有禮貌，但效果不好。誰敢肯定自己的見解高人一著呢？就算是高見，又怎麼好意思先開口？

與其如此不妨換個較親切的問話方式：「各位有什麼想法呢？」

提問不唐突，也是不可忽視的。假如在大庭廣衆之下問對方：「你有什麼理由可說？」「你遲到一小時，究竟在幹什麼？」如此唐突的問法，令人難以下台，必定會招致不快。

希望問話問得巧，首先要選擇恰當的提問形式。

恰當的提問形式，有以下多種：

●限制型提問

這是一種目的性很強的提問技巧，能幫助提問者獲得較爲理想的回答，降低被拒絕的機率。

例如，某家早餐店在一開始時總會詢問客人：「要不要加個蛋？」

一段時間以後，侍者找出了更「技巧」的問法，不再問「要不要加蛋」，而改問：「您要加一個蛋，還是兩個蛋？」

這樣一來，縮小了顧客的選擇範圍，有助於提高消費額。

●選擇型提問

這一種提問方式，多用於較熟識的朋友之間，同時也表明了提問者並不在乎對方的抉擇爲何。例如，你的朋友來家裡作客，你留他吃飯，但不知他的口味，於是問道：「今天咱們吃什麼？紅燒肉，還是咖哩？」

●婉轉型提問

婉轉提問的意圖，在避免因對方拒絕而出現尷尬局面。

例如，一位男孩對一名女孩很有興趣，但他並不知道女方是否同樣對他有意思，又不便開門見山地詢問，於是試探地開口：「我可以陪妳走走嗎？」

如此，即便女方沒有意願，她的拒絕也不會使彼此難堪。

●協商型提問

想要別人按照你的意圖去做事，最好以商量的口吻提出。

如你身爲經理，要秘書起草一份文件，將意圖講清之後，不妨問一問：「妳看這樣是否妥當？」

秘書感到受尊重，工作情緒便會大幅提高。

提問要講究方式，以提高水準，話題的選擇是一大關鍵。一位心理學家曾說：「要使對方感到開心，莫過於挑他最擅長的來說。」

比如，你知道對方的羽毛球打得很好，就可先問：「聽說您對打羽毛球相當拿手，是嗎？」

提問，正像打羽毛球的發球，你以對方的特長發問，就像特意發了個容易接的球，對方當然樂於接球。

當然，各種發問方式都有優點和侷限性。在對談過程中，應本著交際目的的需求出發，靈活且恰當地選擇最好的發問方式。

協助疏導感情，但不下價值判斷

你可以在非語言傳遞資訊中表明立場，但在語言傳遞過程中最好避免，這是一條重要界線。

在傾聽過程中，該如何開口插話，才能做到既不得罪任何人，又有助於達到最佳效果呢？

理所當然，根據不同對象，必須採取不同方法。

當對方與你談論某事，但因擔心你可能對此不感興趣，顯露出猶豫、爲難的神情時，你可以伺機說一兩句安慰的話。

「你能談談那件事嗎？我不太了解。」

「請繼續說，我對此十分有興趣。」

此時，你說出的話是爲了表明一個意圖：我很願意傾聽，不論你說得怎樣，說的是什麼。如此將能有效消除對方的猶豫，堅定傾訴的信心。

當對方由於心煩、憤怒等原因，不能有效地控制自己的感情時，你也可以用一兩句話來疏導。

「你一定感到很氣憤。」

「你似乎有些心煩。」

「你心裡很難受嗎？」

說完這些話後，對方可能會發洩一番，或哭或罵都不足爲奇。因爲，你開口的目的，就在於把對方心中鬱結的異常情感「誘導」出來。而發洩一番後，對方將感到輕鬆、解脫，得以繼續地完成對問題的敘述。

值得注意的是，說這些話時，不要陷入盲目安慰裡。

不應對他人的話做出判斷、評價，說一些諸如「你是對的」、「你不應該這樣」的話，因爲你的責任只在順應情緒，爲他架設一條「輸導管」，而不應該「火上澆油」，強化這股抑鬱或憤怒。

當對方在描述過程中，急切地想讓你理解他的談話內容時，你可以用一兩句話來「綜述」話中的涵義。

「你是說……」

「你的意見是……」

「你想說的，是這個意思吧？」

這樣的綜述，既能及時驗證你對談話內容的理解程度，加深印象，又能讓對方感到誠意，並能幫助你隨時糾正理解的偏差。

以上三種傾聽中的談話方法，都有一個共同的特點，即不對談話內容本身發表判斷、評論，更不對對方的情感做出贊同或否定的表示，處於一種中性、持平的安全態度上。

有時，你可以在非語言傳遞資訊中表明立場，但在語言傳遞過程中最好避免，這是一條重要界線。你若試圖超越這個界限，就有陷入誤解、爭執的危險，從而使一場談話失去方向和意義。

好的結束，提高自己的印象分數

如果說好的開始是成功的一半，那要滿足另一半，絕對少不了好的收場，因此，別輕忽了「收尾」的工夫。

講話的過程中，一旦達到了溝通交流的最主要目的，那麼，就該設法及時結束談話。當然，對談的目標本身，直接影響我們與對方講話的時間或方式。

如果你只想陳述某一件事，且不需要對方做出任何反應或採取行動，你講清了事情的原委後，就可以結束談話了。

如果你期望說服對方改變某種看法或行為，期望對方承認你的勸說「明智」，談話就會進行得長一些，直到對方承認問題為止。

有時，對方需要時間來思考，無法馬上給出結論，你在結束談話前，就有需要根據情況做出合宜的結語。結束講話時，總結一下對方和你本人的看法，強調一下彼此共同的觀點和看法，是很有必要的。但在這麼做時，一定要注意保持自身論述的客觀，不帶偏見，以雙方都能接受的方式進行總結。

換言之，最好以盡可能有利的方式描述對方的看法。

「感謝你和我討論這個問題。」

「花費了你不少時間，眞是不好意思。」

「總的來說，你的那個想法有許多合理之處，很不錯。」

「你的話對我有不少啓發，感謝你。」

最後，結束談話時，你還可以向對方提出一些積極的希望。

某些情況下，對方需要一點時間思考你的話，需要過一段時間再與你繼續談論這件事，此時，你則需要講一些「活話」，使有關這個問題的談話能夠在日後再次展開，持續進行。

「如果你願意，我們可以再約個時間，進一步討論這個問題。」

「無論如何，有任何想法，請務必告訴我。」

談話的結束，不是只道一聲「再見」就解決，臨別前，要給人留下良好的印象，要得體而不失禮，有時更得爲下一次交談留下伏筆。

如果遇到爭論不休、意見無法一致的棘手情況，可以轉移話題，把有分歧的題目暫放一放，談點別的，等氣氛緩和了，再把談話告一段落。或是稍微折衷，設法求同存異。

「雖然我不同意你的意見，但你的考慮和出發點也有一定的道理，我想我們還是可以對此繼續討論。」

「對，我們都需要再琢磨一下。」

用友好的笑聲、笑容作輔助結束談話，加上意味深長的道別語，能夠讓好印象長時間留在別人的記憶裡。

面對情況各異的談話，不動一番腦筋，不用一著妙招，必定不利於人際交往的完善和健全發展。如果說好的開始是成功的一半，那要滿足另一半，絕對少不了好的收場，因此，別輕忽了「收尾」的工夫。

小小玩笑，學問不得了

幽默是人生的調味，沒有幽默，人際關係必定難以順暢建立。但是，幽默要用在正確的地方，否則可能收到反效果。

人際交往中，開個得體的玩笑，可以鬆弛神經，活絡氣氛，創造出適於交際的輕鬆愉快氛圍，因此，詼諧的人多能受到歡迎與喜愛。

但是，開玩笑並非簡單的事情，若是玩笑開得不好，則可能適得其反，傷害感情，讓場面難堪。

開玩笑時，要掌握好以下分寸：

- **內容要高雅**

笑料的內容，取決於開玩笑者的思想情趣與文化修養。

內容健康、格調高雅的笑料，不僅給對方啓迪和精神享受，也是對自己美好形象的有力塑造。

某次，鋼琴家波奇在一次演奏會上，發現全場有一半的座位空著，於是對聽眾說：「朋友們，我發現這個城市的居民都很有錢，因為你們每個人都買了兩到三個座位的票。」

聽眾一聽，無不放聲大笑。波奇巧用無傷大雅的玩笑話扭轉了尷尬氣氛，使自己反敗為勝。

●態度要友善

與人爲善，是開玩笑的一大原則。

玩笑的過程，象徵了感情的互相交流傳遞，千萬不要藉著開玩笑對別人冷嘲熱諷，發洩內心厭惡、不滿的感情，因爲到頭來吃虧的還是自己。

也許有些人不如你口齒伶俐，表面上讓你佔得上風，但會在心裡認定你不懂尊重人，不願再與你交往。

●對象要區別

同樣一個玩笑，能對甲開，不一定能對乙開。人的身份、心情不同，對玩笑的承受能力自然有差異。

一般來說，後輩不宜和前輩開玩笑，下級不宜和上級開玩笑，男性不宜和女性開玩笑。

與同輩開玩笑，則要掌握對方的性格特徵與情緒，免得得罪人。

若對方性格外向，能寬容忍耐，即便玩笑稍微過火也多能得到諒解。相對的，若對方性格內向，喜歡琢磨言外之意，開玩笑時就應愼重。

此外，儘管對方平時生性開朗，但如恰好碰上不愉快或傷心事，就不能隨便與之開玩笑。相反，對方性格內向，但正好喜事臨門，抓準時機與他開個小玩笑，效果會出乎意料地好。

●場合要分清

美國總統雷根曾經因爲誤開玩笑，爲自己招致不必要的麻煩。

一次，在國會開會前，爲了試試麥克風效果，他不假思索，張口便說：「先生、小姐們請注意，五分鐘之後，美國將對蘇聯進行轟炸。」

一語既出，衆人譁然。

之所以引起負面回應，正是因爲雷根在錯誤的場合、時間裡，開了一個極爲荒唐的玩笑。

總體來說，在莊重嚴肅的場合，不宜開玩笑。

不可諱言，幽默是人生的調味，沒有幽默，人際關係必定難以順暢建立。但是，幽默要用在正確的地方，否則可能收到反效果。

5

摸透人心再開口

說服之前，必須了解對方。

付出的心力越大，設想越周密，

話就能說得越好，

成功的機率自然更高。

摸透人心再開口

說服之前，必須了解對方。付出的心力越大，設想越周密，話就能說得越好，成功的機率自然更高。

與人交流溝通過程中，免不了會碰上意見分歧的時候，這就是對雙方說服能力高低的最大考驗。

說服之前，需要先花費相當的精力去熟悉和了解對方，盡可能將相關資訊收集完備，精心選擇適合的說服場所，仔細尋找最合宜的時機，擬定最可能被接受的說服方法。準備階段的工作成效，會直接關係到說服的效果。

在準備階段，主要應做好以下幾項工作：

● **掌握資訊**

要說服一個人，首先需要弄清楚他究竟在想些什麼，他苦惱的原因是什麼，他的認知層次水準大概在什麼樣的程度。

只有先掌握說服對象的想法，才能觸及他們的內心，達到目的。

說服者應妥善運用平時觀察分析累積的經驗，透過調查、走訪、察言觀色，掌握第一手材料，一舉解決問題。只要思想資訊的傳遞管道保持暢通，必定能夠理解對方的想法，進一步走進神秘的心靈殿堂。

但在深入細緻的了解過程中，不能排除獲得的材料屬於道聽塗說的可能，所以不可完全被獲得的資訊所左右，而要輔以多方面驗證分析，從眾說紛紜中，做出最符合實際的歸納判斷。

• 摸清情況

希望自己說出的話達到效果，必須了解聽話者，摸清他的思想素質、文化素養、性格氣質、社會關係和生平經歷。

一個人的思想情緒不是憑空產生的，除了一定的客觀原因推波助瀾，還與本人的素質、經歷乃至所處的環境有直接關係。

爲什麼同樣一件事，在某個人身上不產生任何反應，換到另一個人身上，卻成了天大的問題呢？一言以蔽之，完全是由人與人之間的差異性所造成。

明白了這個道理，就能理解「全面掌握說服對象」的重要。

1. 思想素質方面，主要應摸清對方屬於哪個層次。
2. 文化素養方面，主要應知道對方的教育程度。
3. 性格氣質方面，應了解平時的脾氣和性格屬於何種類型。
4. 社會關係方面，應了解相關的家庭人員構成情況。
5. 生平經歷方面，應弄清楚影響重大的事件。
6. 經濟方面，應儘量設法獲取與個人收入、家庭經濟來源、生活水準相關的確實資訊。

• 抓住焦點

把握住與說服對象之間的意見分歧點，才能達到「有的放矢」，讓雙方的思想相碰撞並迸出火花。準確抓住焦點，你的思想觀點才能融入對方的思想觀點，從而如願進行深化或者改造。

•設想對策

說服，不可能完全按照自己預先設計的思路，一帆風順地向前發展，多會由於種種原因導致梗阻出現。所以，說服之前既要充滿信心，又不可盲目樂觀。

爲了順利地達到說服目的，必須在行動展開之前，自我設計幾種假設的障礙及破除對策，演練至熟悉爲止。

•確定方法

上述情況的了解，是確定整個說服工作採用何種方案的依據。

確定說服方法，既要考慮到對方的心理特點和承受能力，又要考慮自己對不同說服方法的駕馭能力，找出最適宜者。

大體上，確定以某種方法爲主的同時，還要多準備幾種方案，萬一情況突變，就立即調整。行動之前，需要花費相當大的精力去熟悉和了解對方，這是不可免的。付出的心力越大，設想越周密，話就能說得越好，成功的機率自然更高。

活用說話方法，改變對方的想法

說服別人，光是自認為理由充足還不行，更要掌握對方的心理特點與需求，達到心服口服，一切任由你做主。

有些人認爲，說服只是一種單向行爲，你覺得呢？

在美國，曾盛行過一種形容人際關係的「槍靶理論」，認爲說服者等同於舉槍打靶者，被說服的對象理所當然就是槍靶，只要做到槍舉靶落，「砰」的一聲，讓目標應聲倒下即可。

但事實證明，這種理論是荒唐的，它不夠周全，因爲純粹的、單方面的說服並不能使人口服心也服，不算是一種好的說話技巧。

究竟該如何著手，才能使人心甘情願地接受你的意見？

探究問題的答案，可得出下列幾項必須注意的要點：

●不要威脅對方

說服者往往認爲自己是好心，是從對方的利益出發，並沒有威脅的意思，但眞正付諸言語就不是那回事了。

媽媽對孩子說：「你不多穿件衣服，等下就凍死在外面。」

孩子一聽，馬上回嘴：「凍死就凍死，不要妳管。」

媽媽的勸告是出於好心，得到的卻是逆反結果，正是因爲話中透露出的威脅意味讓孩子無法接受。

「如果你再不申請參加球隊，我們就不要你了。」

試想，面對這種話，正在考慮加入的人會如何回應？想必會大感不快地回絕道：「那正好，我根本就不想參加。」

●讓你的觀點中有他的一份

說服過程中，營造出「身處同一陣線」的氣氛，成功率較高。

例如：「你曾說過抽煙不好，也勸過我不要抽煙，不是嗎？既然如此，爲什麼現在卻要抽煙呢？」

使對方產生錯覺，彷彿不是別人在說服自己，而是自己在說服自己。如此一來，被說服者所擔心的「投降」壓力解除，任何話自然都好說。

如果想說服一位失戀的朋友不要自卑，千萬不要找一個總能順利縱橫情場的人出馬，因爲這種接近本身就反襯了對方的痛苦，導致「飽漢不知餓漢饑」的抗拒心理產生，必定收到反效果。

改找一位剛從失戀煎熬中站起來的朋友與他談，就容易達到目的，使他接受勸告，因爲彼此處境相同。

●尊重人格

進行說服，可多用討論、提問方式，切記不要涉及過度尖銳的評論，更不可揭人隱私。話要講得彈性些，給自己修正的空間，不要講死。

簡單說，就是做到「對事不對人」。

語言中應避免出現「你應該」、「你必須」之類的詞語，多用商量的口氣，如「我們討論一下有幾種解決方法」、「能不能有更好的辦法呢」等等。

這種說話方法的巧妙處，在能使對方於不知不覺中更客觀地看待自身，避免情緒障礙。

●讓對方把處境的困難講出來

急於求成、急功近利是說服者的常見心態，而被說服者的心境和處境，則相對地常被忽略。能否體諒被說服者的心境，就是成敗關鍵。

冒失的說服者總是一開頭就強調對方的錯誤，嫻熟說話藝術者則不然，必定會先讓對方將心中的矛盾、苦惱講出來。

研究資料表明，凡是願意將困難或不滿講出來的人，他的心扉實際上已經敞開，準備接受幫助，相對的，沉默不言則是拒絕一切的表現。

●避免讓對方反感

說服的方法不對，非但不能解開僵局，更會使聆聽者產生敵意。

這種情況的發生，多導因於談話間表露出不滿或厭惡情緒，也可能是說服者操之過急、逼人太甚。所以，不希望糾紛越演越烈，首先要避免以上兩種容易激起敵意的態度。

另外，當對方的情緒過分激動時，對是非的判斷力、意志的驅動力都會變得「模糊」，處於抑制狀態。這種情況下，任何「強攻」都難奏效，不如暫停說服工作，讓彼此冷靜一下，釐清思緒，換個時間與地點再開始。

心理學研究發現，某一件事在頭腦中形成強烈的刺激反應，一時無法抑制，但睡了一覺後，情緒便會淡化，這就是「睡眠效應」。這也證明了一個道理：適度停頓，對扭轉認識、穩定情緒有很大幫助。

說服別人，目的是使人跟自己走，光是自認爲理由充足還不夠，更要掌握對方的心理特點與需求，達到心服口服，一切任由你做主。

古希臘哲學家蘇格拉底認爲，他從來沒有要教訓別人什麼，只像一個靈魂的催生婆，幫助人們產生自己的思想觀點。說服者必須掌握「催生」的藝術，也唯有達到如此境界，才稱得上是眞正的說話高手。

提高說服力，從「七大竅門」開始

任何人都希望能輕鬆地說服他人，但千萬不可誤解說服的本意。它與饒舌之間的差別，絕不僅止於十萬八千里。

留意周遭，必定會發現一種現象：有的人不費口舌就自然具備說服力，而有的人即使滔滔不絕，也找不到願意洗耳恭聽的聽衆。

因此，應該建立一個正確觀念：說服力高低並不取決於能否能言善道，而決定於能否適時說出適當的言辭。

當然，有人天生就具有說服力，但是一般來說，說服力是靠後天的經驗和努力培養出來的，且能夠藉認眞的進修、訓練，得到有效提高。

以下，提供提高說服力的「七大竅門」：

●掌握要點和難點

大部分人都希望能有力地說服他人，在短時間收到效益，但能眞正掌握「要點」的人卻非常少。

與其一味威脅或否定，倒不如明白地告訴對方「如果不這麼做，公司就會有危險」、「這樣會給大家添麻煩」、「如此才可以拓展前途」、「必須拉攏他加入我方的陣營」，如此才算符合說服的初步需要。

切記，想不費吹灰之力就說服對方是不可能的，必須徹底檢討自己的意見，表明最低限度的要求。若抓不住意見的重點，不但無法說服對方，反會招致反擊，最終不得不知難而退，無功而返。

要是無法將該說的話明確地表達，一開始就心生膽怯，擔憂著「我眞的能順利說服對方嗎」或「萬一遭到拒絕該怎麼辦」，甚至認爲「對方說的也有道理」，就已失去了獲勝的契機。

說服的基礎不夠穩固，必定想不出「有效說服對方」的手段和方法。在談話展開前先檢查談論的內容是否必要，釐清自己的思緒，然後再開始進行說服，才可能事半功倍。

●掌握對方心理

不考慮對方，只單方面談論自己的事，不但無法打動人，反會顯得疏遠。因爲從感情與理性兩方面來說，強迫性做法會使人在感情上產生不悅，脫離要點則會導致理性上無法理解。

想要讓自己更會說話，首先需要訓練的是「靜聽」。任何人都希望站在說服者的立場，不喜歡被人說服，更有甚者認爲被說服是一種恥辱。若不能使對方保持平靜，消除壓迫感，說服不可能成功。因此，與其自己一股腦地發言，倒不如聽聽對方的想法，從談話內容中謀求進一步了解。

給予對方發表意見的機會，可以緩和緊張氣氛，進一步使他對你產生親切感，更重要的是，能從談話中抓到說服工作的著力點。

那麼，要如何才能讓對方發表意見？

成功的案例告訴我們，不妨先誘導談論感興趣及關心的話題，這對掌握心理有相當大的幫助。

抓住被說服者喜歡的話題，或者最切身的問題，由此找出關心的目標，深入探究，他自然會道出自己的看法，吐露出重要內容。

●周密的論證

不能夠具體表明的要點，不具備說服力。同理，不得要領的要求，也無法得到期望的效果。

對他人有所期望，希望達到目的時，必須藉周密論證確保正確了解。

有些時候，雖然下命令的人知道自己的意思，執行命令者卻不了解，可想而知，結果必定不會太理想。

在工作方面，想要說服他人之時，要具體地提示計劃、說明理由、內容、完成日期及要求的成果，不如此明確提出，就很難說動對方去辦，再怎麼激勵，他也不知從何下手。

人之所以會有積極意願，是因爲得到充分發揮自身能力的機會。唯有將才智與能力發揮到極致，才能體會到工作的意義。

●發揮他人才智

使對方發揮才智，首先須告知他想知道的事。若欠缺確切的指示，必定會因爲處在不明事理的情況下，導致不滿，破壞和諧。

主動告訴對方「你的立場是……，你的行動是……，最後的目標是……」明確給予提示，並要求「我想借助你的智慧，請務必盡力」，說服到此地步，多能有效鞏固意願。

越了解情況，越有助於融入，做起事來更容易。

例如，明示對方「這件事的結果是」、「你下次應該這麼做」等等，把自己想獲得的結果具體明確地告知，同時應在明示的過程中，應做到廣納建言，提高整體的參與意識。

如此，才能稱之爲周密的說服。

•引導對方

說服，就是懇切地引導他人，按自己的意圖辦事。

如果不以懇切的態度進行說服，只想藉暫時的策略瞞騙，或許一時能收到效果，但絕對無法使說服者與被說服者間得到長久的和諧。

當說服者暗自高興「成功了」時，被說服者卻感到「上當了」，絕對是最拙劣的說服方法。

•讓步

懇切地引導對方，使得到了解與滿足，這時，雙方的滿足度約各為五十%，若是期望被說服者再做些許讓步，必須相應地讓他得到更多滿足感，否則非但無法達到心服口服的境地，甚至根本無法談攏。

說服，必須得到令雙方都滿意的結果，否則不算成功。

換句話說，說服者必須讓對方認為「哼！這次是因為我讓步，他才能成功地說服我」，如此的滿足感，就是懇切引導的最好效果。

為此，說服者在達到目的後，應主動、積極向被說服者表示「真謝謝你」、「沒有你的幫助我就完了」、「你如此幫我忙，我會銘記在心」等，以實際行動滿足對方的虛榮心。

•建立信任關係

有的人在說服時，會特別用親密的態度或語言接近對方，但因為太過刻意、虛假，不僅無法達成目的，還引起戒心，甚至受輕視，排斥，得不償失。

要知道，信任非常重要，只想以自己的方便操縱對方，遲早會受到孤立。有意與人交流，建立並維持信任是必不可少的條件。

信任的關係，寓於日常生活中。得到他人認同，且自認不辜負他人，將有助於建立信任，達到圓滿的說服。

任何人都希望能輕鬆地說服目標對象，尤其是擔任領導職務者，但千萬不可誤解說服的本意。要知道，它與饒舌之間的差別，絕不僅止於十萬八千里。

做一個能和上司談判的好員工

談判當然不僅靠專業知能，更要靠其他各方面的素養展現，要求的是一個人的綜合素質。

請設想以下情況：

某名員工在心裡憋了一肚子不滿，某天，終於在衝動下鼓起勇氣，闖入老闆的辦公室，氣勢洶洶，怒不可遏，脫口說出一句：「老闆！我要和你談判！」

接下來，會發生什麼事？

你可能以爲接續的情況是這樣：老闆一開始顯得驚魂未定，有些不知所措，定了定神之後，才以討好的口吻請那名員工坐下來好好談，陪著笑臉，一面拍著他的肩，一面勸道：「別生氣嘛！有話慢慢說……」

最後，老闆欣然採納了員工的意見，承認自己的錯誤。

仔細想想，這眞的可能嗎？這絕對是一廂情願的想法，成眞的可能性極低。畢竟，老闆如果有那麼容易被說服，員工也就不會有如此大的怨氣，更不會氣得跑去當面談判了，不是嗎？

身爲員工者，一定要建立一個正確觀念：在衝動狀態下和老闆談判，輸家往往是自己。如果老闆本身是位談判高手，未等展開攻勢，早以三寸不爛之舌取得勝機，逼得員工灰頭土臉、鎩羽而歸。

與老闆談判的原則是什麼呢？很簡單，就是不求必勝但不能慘輸，至少也要達到和局。在這一原則指導下，爲員工者必須熟悉「談判五大基本要素」，才能踏出成功的第一步。

●完美的策略是致勝的後盾

談判絕對不能在衝動下進行，否則必定失敗。

要深思熟慮，在冷靜中擬定策略，當作自己的武器。談判的問題越重要，花在擬定策略上的時間也應越長。

沒有策略，或是策略輪廓模糊，將免不了在談判過程中迷失方向。失去方向以後，言語會變得蒼白無力，縱使雄辯滔滔，空洞的內容也難擋老闆的銳利辭鋒，落居下風。

•預留迴旋餘地

和老闆談判之前，必須摸清對方的底細、揣測各種可能的回應情形，並據此制定應對策略。

此外，也要讓自己做好心理準備，實際和老闆談判時，很可能會發現所有的預定策略派不上用場，因爲老闆的見識閱歷與員工不同，思路往往不能被完全掌握，意料之外狀況的發生，理所當然。所以，必須預留迴旋空間，才不至於在被逼到角落時驚慌失措，給老闆可乘之機。

如果發覺自身處境尷尬，說服老闆讓步已經不可能，不妨這麼說：「透過剛才這一番談話，我想通了，怪我年輕識短，想得不夠周全，若有冒犯到您的地方，還請原諒。」

這樣說話，老闆想必不會過度責怪，說不定還覺得你敢於犯顏直諫，又知錯能改，是相當不錯的人才。

留有迴旋餘地，最主要在不可於談判過程中把話說絕、說死、說滿，斷了自己回頭的路。

例如，最好不要說：「如果你不能滿足我的要求，我就辭職」、「我是不會讓步的」，因爲這無疑於自掘墳墓。如果老闆本就對你不滿，正好藉此機會給你「顏色」，逼你走路，到頭來倒楣的還是自己。

●收集準確而豐富的情報

和老闆談判，內容通常不僅止於個人私事，極有可能和單位的其他同事，或是同公司的其他部門相關。因此，只要碰得上邊的，你都必須要求自己徹底了解，收集完善的情報，從公司政策、同事態度、工作成敗到對手的觀念等，全都不容輕忽。其中，與談判主題直接相關的，更是越詳細周全越好。

情報當然會隨著局勢變化，但只要你能下功夫確切掌握，並運用說話技巧妥善表達，必能表現出自身的不凡能力，給老闆留下良好的印象。

老闆很有可能會認爲你是一個有責任心的下屬，因爲如果不是這樣，你就不可能對公司的情況這麼熟悉。一個有責任心的人，當然值得重視。

●流利的表達能力

和老闆談判，首先要讓老闆理解你的看法，進而加以深入說明。所以，如何配合對方的思維，把自身看法準確傳達出去，求得充分理解，是決勝的關鍵。

口若懸河並非與老闆談判的必備條件，因爲你越是滔滔不絕地講個不停，就容易露出破綻，讓老闆抓住可乘之機。

你眞正需要做的，不是不加思索地將自己的想法說出去，而是要求表達清晰，保證思路的前後一貫，增強語言的說服力。

●藉談判機會展現自身素養

和老闆談判，並不等於和老闆吵架。你的風度、談判內容的深度，以及個人修養，都影響著談判的成敗。

若表現得體，縱使談判失敗，仍可望在老闆心中留下良好印象。

談判的內容越深，你的專業素養就要越高，光憑一些常識性的東西就想讓老闆「屈服」，無異於妄想。

談判當然不僅靠專業知能，更要靠其他各方面的素養展現，要求的是一個人的綜合素質。在談判中，你不僅要展現出對專業知識的熟練掌握，還要表現出彬彬有禮、有理有節、公正客觀以及大度寬容。

有力、有節，才可以取得最後的勝利。

以上這一切都要在言辭中表現出來，能夠確實做到，即使沒有全勝的把握，也不會相去太遠。

聰明化解反對意見

我們很難完全避免反對意見的產生，因此學習正確面對、化解，才是於談判桌上克敵制勝的最積極做法。

在談判過程中遭遇反對意見，可說是司空見慣的事情。

確實，不論是多高明的談判者，都不可能一句不問就答應對方的種種要求，讓對方心服口服。反對意見的出現，恰恰說明這是對方對問題感興趣或關心的一種表現，如果能適時給予滿意的答覆，就可望使雙方的關係由對立轉趨合作。

處理反對意見，可採用以下方法：

‧反問法

簡單來說，就是對對方的反對意見提出質問。

一句簡單的「爲什麼」便足以使雙方的攻守位置顚倒，反攻爲守、反守爲攻，促使提出不滿的對手說明理由或原因，展現背後的眞正動機。

可以說，「爲什麼」是處理反對意見的最基本工具。

●引例法

借用已有、曾出現的事例，並加以活用，例如說：「許多人一開始都有跟你相同的想法（指反對意見），但在接受我方的建議後，都感覺情況有明顯的改善，所以請稍安勿躁。」

使用此法要注意，關鍵在於例證恰當且眞實可信，不僅從心理上打動對方，並給予驗證的條件和機會。只要使用得當，這個方法將能有效克服由主觀因素差異導致的種種偏見或成見，避免發生衝突。

●移花接木法

也稱爲「躲閃法」，首先在肯定對方的反對意見，甚至表示讚賞，然後再陳述自己的主張和見解，例如：「我完全贊同您的意見，但如果能加上這一條……那就更理想了。」

這可以避免對方產生牴觸情緒，更容易敞開心胸接受他人的看法。

•充耳不聞法

又稱作忽視法、置之不理法。

談判進行中，對方可能出於心情或情緒不佳、不夠清楚等原因，提出一些與實質談判活動完全無關的意見，雖然不中聽，卻不等同於眞正的反對。對此無須太過介意，大可完全不予理會、不加反駁。

•正面回擊法

正面回擊，就是從正面直接否定對方的意見。

一般來說，這個方法少用爲宜，因爲難以讓對方接受，容易導致對立情緒產生。但若存心殺一殺對方的氣焰，就是最好的方法。

處理反對意見不是一件簡單的事情，你應該力求表現得坦然、沉著、冷靜、謹愼，千萬不要給人恐慌、不耐煩、憤怒、漫不經心的感覺，以免收到反效果。

從經驗歸納，可以得知必須滿足以下幾點：

1.避免爭論

除非別無選擇或另有目的，否則不要直接了當地駁斥對方，進行爭論，因爲這很有可能使自己丟掉到手的生意，得不償失。

2. 辨析原因

分析對手提出反對意見的意圖，力求找出背後的眞正動機。

3. 歡迎反對意見

樹立一個觀念——談判的目的之一，就在答覆對方提出的反對意見。所以針對對手提出的疑義，應該表示歡迎、體諒。

4. 認真嚴肅地傾聽

不管對方提出的反對意見是否正確，都要認眞地傾聽，全部了解之後再做回應，這種態度本身就是一種應有的尊重。

5. 細心觀察，以防為主

對手提出反對意見是不可避免的，但也是可以預防的。最好能事先設法預知反對意見可能產生的時機與方式，做好充分準備，不給對方可乘之機。

6. 冷靜回答

回答問題時，如果表現出憤怒、輕蔑、不可理解等態度，則不僅不能解決問題，還會更進一步加劇衝突。

因此，回答時要做到泰然自若、處變不驚、輕鬆愉快。力求說話有條有理、有評有據，並且避免囉嗦。

7.適度接受

有些反對意見只涉及次要問題，對主要討論事項沒有多少影響，這時不妨表現充分的理解，盡可能地同意對方的意見。

如此，既不造成實質損失，又使對手感到滿意，何樂而不為？

反對意見的產生是一種正常現象，只代表對某種論點或事物的質疑，不等同完全否定。我們很難完全避免反對意見的產生，因此學習正確面對、化解，才是最積極做法。

排解得法，怨言不可怕

可以這樣說，能夠勇敢承擔並化解客戶的怨言，才能成為一位合格的行銷談判者。

身爲代表的你，免不了會在談判中聽見對手的一些怨言，必須承認，這是沒有辦法完全避免的事。

怨言的內容有很多種，可能是對品質、包裝、交貨期的意見，也可能是由服務不周、安排不當、辦事效率低、有關條件差距過大引發。有些抱怨是合理的，當然也有不合理的，有些是因爲一時感情激動導致牢騷滿腹，有些則是爲了企業的聲譽而提出。

無論如何，千萬不要輕忽談判過程中聽到的怨言，若是不懂得及時處理，最後將演變成難以跨越、具強大殺傷力的障礙。

一般來說，處理怨言的原則如下：

・切忌感情用事

可想而知，對手在發出怨言甚至發怒時，情緒是非常激動的。此刻，他的心中充滿了不信任與不滿意，並且極度敏感，所以你絕對不能以牙還牙，感情用事。無論對方多麼激動，你都得要求自己冷靜以對，否則必定壞事。

・耐心傾聽

對方既然選擇發出怨言，就說明了內心有不滿，若置之不理，將成爲妨礙談判進行的最大危機。因此，應該儘量鼓勵傾吐眞實想法，讓他藉毫無保留的吐露發洩心中所有不滿，從而得到某種滿足與安慰。

・不要輕易下結論

在未證實對方說的話是否眞實，或者沒有搞清事實眞相之前，不要輕易下結論。即便對方的立論或陳述存在明顯謬誤，也應避免從正面直接批駁。

・立刻處理

務求養成聽見怨言立刻處理的習慣，這是轉禍爲福的重要原則。

若是碰上某些無法及時解決的問題，就要以坦白、誠懇的態度進行說明，使它變成促進雙方溝通的橋樑。

處理怨言的態度是否迅速，將直接對雙方的關係產生影響，千萬不可等閒視之，更不可以拖泥帶水。

・寬宏大量

寬宏大量的態度有助於讓雙邊貿易關係或商業往持續，即使於某方面損失了一些，也可以設法由日後的商務活動彌補。該讓步時就讓步，不要因小失大，爲一點小問題中斷彼此的往來，造成始料未及的不良影響。

・將心比心

對待對方的怨言時，切記將心比心，實際從對方的立場去評估，而不要全部當成對自己的指責。應當這樣告訴自己：事出必有因，既然有怨言，就代表某方面一定遇上了問題。即便微不足道，也要查出來。

對此，日本一家知名企業的營業部長曾說：「每一次遇到表示怨言的顧客，我都會提醒自己，對方之所以抱怨，是因為對公司的製品與營業狀況產生興趣，因此願意站在顧客的立場，提出自己的想法。」

「對於顧客的怨言，我向來都秉持虛心接受的態度，並設法從中得到一些訊息、學習一些東西。可以這樣說，能夠勇敢承擔並化解客戶的怨言，才能成爲一位合格的行銷談判者。」

• 不能簡單行事

即便想要反駁對方的怨言，也只能婉轉提出，並充分說明理由，做到通情達理。你必須認清一個道理：要使對方接受你的意見不是容易的事情，除了耐心，更需要展現出誠意。

與此同時，也要建立正確觀念，千萬不可爲了討好對方，輕易做出根本無力兌現的保證或承諾，否則將傷害信譽，造成更難解的糾紛。

態度冷靜才能將詭計看清

成功的談判者必須具備極強的自控與應變動能力，同時懂得在遭遇逆境或對手有意試探時保持冷靜，以抓住勝利。

商務談判絕對不是單純、簡單的商業活動，其中包含的內容與象徵的意義，遠比一般人所想像更爲複雜。

談判大師李森生曾說：「談判，對參與者來說，是能力與智力的競技。要想立於不敗之地，不僅應當具有商人的手腕和政治家的風度，還必須隨時看穿各種虛假的威脅和暗藏的計謀，果決地做出適當反應。」

一般說來，要完成一筆生意，至少需要進行三次會談。第一次會談的主要目的，在摸出對方公司的安排、公司目標，消費習慣，以及決策者。第二次會談時，要提出運用第一次會談中所得資訊制定的方案。第三次會談的最大目標，則在瞄準關鍵人物，重述自己的方案，以加深印象。

對此，李森生進一步解釋道：「別以為第一次會談的結果根本不重要，事實正好相反，沒有什麼比它更重要了。如果不能在第一次會談就打下穩固基礎，第二次會談根本無從展開。」

未來的客戶絕對不會把自己的情況、要求、喜好等資訊列成一覽表，自動地奉送給你，不過隨著談話進行，他們會無意地流露出許多重要訊息。想要成爲談判高手，你應該隨時攫取身邊的有用資訊。

有一回，李森生應邀前往義大利米蘭，針對未來可能展開的商務合作，與當地企業德蒙公司進行磋商。

於米蘭市國際商廈下榻的第二天，德蒙公司的請柬就由總經理的女秘書親自送抵，邀請李森生於當日下午前往，進行一次初步的會談。

收下請柬，簡單換洗準備，並大致於內心估算可能面對的情況後，李森生便招來一輛計程車，朝德蒙公司的總部出發。

出乎意料的事情發生了——會談的進行遠比想像更不順利。

氣氛相當不好，許多名與會者姍姍來遲，一抵達便又說自己很忙，只能停留一下，十幾二十分鐘以後就得趕赴其他重要約會。狀況已經夠糟糕，不湊巧的是會議室的錄影機無法順利放映錄影帶，而德蒙公司的代表們竟連錄影機的管理者是誰都說不上來。

眼見情勢不利，李森生迅速掃視過全場，研判再繼續拖延下去對自己一點意義都沒有，當即站起身，朗聲向所有人說道：「這是不對的！我坐了十四個小時的飛機，千里迢迢從上海前來與貴公司進行商談，不該面對這樣的混亂狀況。我不願意慌張草率地決定任何生意，也不想再繼續浪費彼此的時間，今天就到此爲止吧！一切等貴公司準備妥當再談。」

「先生，請相信我，你並不會浪費時間。」突然，在座一位始終保持沉默的女士說話了，她介紹自己是銷售經理。「很抱歉造成困擾，從現在開始，我將代表德蒙公司做決定。」

對李森生來說，這是一項重大突破，因爲他成功找出了對方的負責人，知道了

「焦點」所在。

果然，之後的談判進行得相當順利，很快就凝聚了一定共識。

回顧會談的進行，李森生最初受到十分冷漠的待遇，但他能控制自己的情緒，很快地抓住某些細節，冷靜且直接地向對方表明自己的失望，甚至輔以「最後通牒」，所以一舉扭轉劣勢，「逼」出眞正的決策者。

身爲知名的商務談判專家，李森生認爲，想要成爲一位百戰百勝的高手，除了必須適度讓身體與精神得到放鬆，保持最好狀態外，還必須注重內在素質、智能的培養。

因此，他始終致力於加強心理修養，對人對事保持樂觀心態，熱衷於參加社會活動，隨時隨地與不同類型的人進行互動。凡此種種，無不有效提高了對環境的適應力與抗壓性，幫助相當大。

李森生說：「一個人內在素質如何，自身水準的高低，都是影響談判的直接原因。要想獲得成功，除了需要一些技巧和方法外，還必須靠自己的積極努力，不斷提高自身內在素質。如此一來，才有辦法在大大小小的談判中處變不驚，自如應付。」

這番話點出談判者必須具備的一項重要素質——自控與應變能力。談判過程很難步步順利，難免會發生意料外的狀況，遇上令人煩惱或不快的問題，甚至遭到對方的有意欺瞞，就如李森生的遭遇。想想，若談判者是一個脾氣暴躁的人，便極有可能因驟然爆發怒氣而破壞原有的冷靜；若是一個多愁善感的人，則可能鬱鬱寡歡，喪失鬥志，兩者都不足取。

成功的談判者必須具備極強的自控與應變能力，同時懂得在遭遇逆境或對手有意試探時保持冷靜，審慎評估大局，巧妙地發揮言語威力，直搗核心，將計謀揭穿，抓住勝利。

合適的言語特質讓你更受肯定

不僅要注意到男女語言的不同特質，掌握優點，更要進一步培養出能展現自身個性特點的說話方式。

作家柯立芝曾說：「言語是人類心智的軍火庫，藏著以往的戰利品，更藏著征服未來的武器。」

每個人身上必定都有一些「特質」，它們可能是天生的，也可能是後天培養出來的。若能巧妙配合自身性別，塑造出合適的、容易被接納的言語特質，必能讓你更吃香。

●適合男性的言語特質

如果你是男人，想要說話鏗鏘有力、擲地有聲，就該培養出以下特點：

・豪爽

男性要性格豁達，語氣直率，表現出豪爽坦誠的性格和品質，讓聽者感受到強大的力度和氣度，深深被折服。

・理智

有句俗話說，感情是屬於女人的，而理智屬於男人。當然，這話並非百分之百正確，但在絕大多數情況下有相當可信度。即便是同一件事情，男性與女性的表述角度多有不同，女性重於感性，男性則重於理性。

・瀟灑

有的男人說話吞吞吐吐，不敢痛快地說出來，容易讓人留下不好印象。乾脆俐落、灑脫豁達、直抒胸臆，這才展現出男性語言應有的瀟灑。

此外，語言邏輯的嚴密、語句的簡練準確等，也都是男性語言的重要特點。能夠以這樣的態度說話的男性，比較吃香。

●適合女性的言語特質

女人素來較善良溫柔，這種美德也體現在語言中。

身爲現代女性，要在競爭激烈的社會中求生存發展，更應了解女性語言的特點，充分展示獨特魅力，從而使自己更具優勢，成爲人見人愛的新女性。

能充分展現女性魅力的語言態度，應滿足以下特點：

・理解

人天生就有一種心理需求，希望得到別人理解。而女性普遍比男性更富同情心，更善於體恤別人、與人進行心靈的溝通，以滿足對方的心理需求。

飽含深深理解的語言，最能打動人心。大凡眞摯不變的友誼、纏綿熱烈的愛情，都必須建立在相互理解的基礎上。

・溫柔

溫言細語、謙順溫和，是女性特有的語言風格，使人備感親切。

有人說「女人不能弱，弱了被人欺」，因此出現了「罵街潑婦」，說話比男人還粗魯，這其實是捨近求遠，放棄了自身的優勢，轉而追求劣勢。

只要運用得當，誰說溫柔不能是一種利器？

・含蓄

女性大多是含蓄的，與人交談時，常常不直陳意見和看法，而是拐彎抹角、正話反說，或者巧用寓意象徵、委婉迂迴，從而給人無限遐想空間。

這種說話方式有一個極大好處，就是避免了直接觸碰他人的痛處，因言語不慎而樹敵。

在提出不同意見、批評或拒絕時，尤爲重要。

• 多情

女性語言與男性語言的最大區別，是男性注重理，女性注重情。

多情是女性語言的一大特點，也是一大優勢。

飽含感情色彩的語言，在人際交往中，能喚起對方的情感，使雙方產生感情上的共鳴，促使關係更加緊密。

用多情的女性語言和丈夫或戀人交流，會使情感之花更加豔美；去安慰親朋好友，會更容易達到撫慰對方心靈的目的；去激勵同事，能使人產生極大的進取心和力量。

多情是女性語言的優勢，充分發揮，能產生意想不到的力量。

新時代，新氣象，人們的溝通模式越發多樣化且個性化，我們不僅要注意到男女語言的不同特質，掌握優點，更要進一步培養出能展現自身個性特點的說話方式。有些節目主持人，在進行人物專訪時，爲了讓被訪者說出實情，並儘量地了解情況，言詞多相當犀利，令被訪者防不勝防。

這就是他們的說話特色，也是言語魅力所在。

了解對方的語言特點，樹立自己的語言風格，有助於增添自身的社交魅力，達到戰無不勝的目的。

6

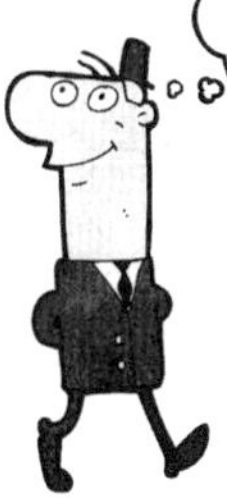

期望會說話，先學著少說廢話

諺語是詼諧而有說服力的短句，

談話時套用個幾句，

有畫龍點睛的效果，

但用太多也不好。

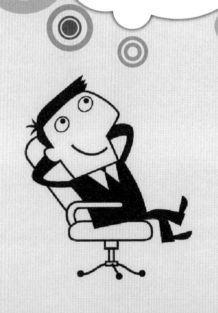

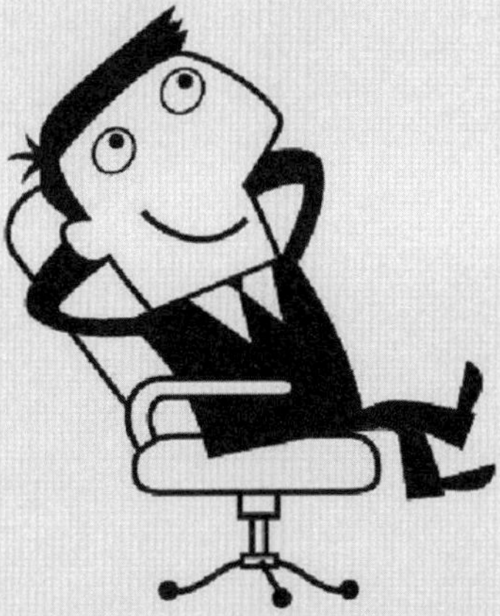

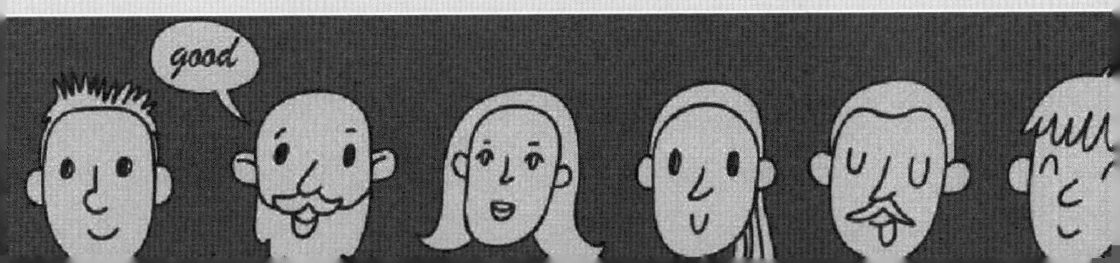

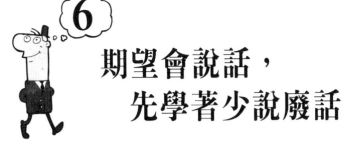

說話迷人，你就能說服人

一句話若沒有抑揚頓挫，將流於平淡，引不起對方的興趣，添一些感歎詞，則能活化彼此對談的氣氛。

吸引人的談話，少不了動聽的音調和動人的傳遞方式。

有些談話者，雖然在內容上不佔優勢，但說話方式非常高明，傳遞出非常迷人、令人舒服的感覺，因此處處吃香。

不可諱言，不同的說話者就有不同的個性，每一次對話，都會因爲說話技巧的不同而得到不一樣的迴響、反應。

使對方願意傾聽的迷人說話技巧，具體而言，指的是以下幾種：

- **說話風格明快**

大多數人不喜歡晦暗的事物，就如同草木需要陽光才能生長。帶陰沉感的談話，會讓人產生疑慮、厭惡及壓迫等負面情感，可想而知，收效不會太好。

●擁有個性的聲音

有些女性的說話聲音非常動人婉轉，使聆聽者覺得與她對話是一種享受，這樣的說話者，就是非常成功的。

擅長說話的人必定會注意自身的說話音量，並慎選說話的語氣，完全依自身的天賦、個性、場合及所要表達的情感而變化。

如果條件允許，不妨把自己說的話錄下來，仔細地聆聽，你很有可能會吃驚地發現，自己說話時竟有那麼多毛病，有那麼多需要立即改進的缺失。

如此經常檢查，說話技巧必定會不斷提高。

●語氣肯定

每個人都有自尊，很容易因爲某些微不足道的小事就感到自尊受損，並反射性地表現出拒絕態度。

所以，期望對方聽你說話，首先得先傾聽對方要表達些什麼。

所謂「說話語氣肯定」，並不是指肯定對方說話的內容，而是留心可能使對方受傷害的地方。

如果我們無法在內容上贊成對方的想法，可以說：「你所說的，事實上我本身也曾考慮過。」然後再問：「那你對這件事有何看法？」

將判斷的決定權交出，並不僅只於單純地保護對方的自尊心，也是了解到自己並不完美的謙虛表現。

以這種形式說話，當然比較受歡迎、比較吃香。

●語調自然變化

比起故意做作，自然的聲音總是更悅耳。

你要注意，交談不是演話劇，無論採用什麼樣的語調，都應保持自然流暢，故意做作的聲音將使事與願違。

當交談的對象不是一個人，而是許多人時，可採用以下技巧：當前一個人的聲音很大，你在起頭時就可以壓低聲音，做到低、小、穩；當前一個音量小時，你一開始說話就該略提高嗓門，讓聲音清脆、響亮，以引起聽眾注意。

•習慣用法

人類生存在當今繁雜的社會環境中，對於語言，各自擁有不同的運用標準，一旦不符合標準，就會導致不協調的感覺產生。

語言運用是否合適，取決於語氣與措詞。

人際交往中，確實有必要根據實際情況或對方身分調整說話方式，使用最適當的語言。不分親疏遠近，一律以某一種態度說話，必將使效果大打折扣，非但不能有效傳遞自己的想法，甚至還會得罪人。

「太好了」、「好棒喲」、「眞可怕」，這都是一般女孩子說話時常會冒出來的感歎詞，也是感情洋溢的表現，能使說出來的話更具色彩、更吸引人。

一句話若沒有抑揚頓挫，將流於平淡，引不起對方的興趣，添一些感歎詞，則能活化彼此對談的氣氛。當然，幫對話「加料」必須適可而止，過多的感歎詞也會抹殺掉言詞的可信度，使聆聽者分辨不出你要表達的眞正意思。

將「冷」、「熱」這樣極平常的形容，加上適度修飾，變成「好冷呀」、「好熱呀」，不是更動人嗎？

•思路有條理

當先前的談話陷入爭論，欠缺頭緒時，你站出來講話，就要力求詞句簡短、聲音果斷，氣勢過人且富於條理。

此外，還有一個說話小秘訣：若必須在公開場合下與眾多參與者一同發言，你的發言順序最好不要夾在中間，要不在前面，要不就乾脆留待最後，給聽眾的印象才會深刻。

期望會說話，先學著少說廢話

諺語是詼諧而有說服力的短句，談話時套用幾句，有畫龍點睛的效果，但用太多也不好。

每個人都喜歡聽好聽的話，說好話絕對比做好事更容易達成溝通的目的；想成功，在溝通的過程中，如何把話說到別人的心坎裡，絕對是必修的一門學分。

如果你不知道如何把話說進對方的心坎裡，非但無法達成自己的目的，而且還會使自己處處碰壁。

日常生活中，如果稍加留意，絕對會發現許多人在說話中存在一個明顯毛病，就是愛說些無關緊要、多餘的「廢話」。

雖然這些毛病的殺傷力不是太大，但如果不加以注意，不求有效改善，免不了降低談話效果。

一般人的交談，最容易出現以下幾種「廢話」：

●多餘的贅語

不少人喜歡在交談中使用某些根本不必要的贅語或口頭禪，例如，無論講什麼都加上一句「自然啦」或「當然啦」；另有一部分人動不動就要加上「坦白說」、「老實說」；也有人老是喜歡問別人「你明白什麼」或「你聽清楚了嗎」；還有人說沒幾句就會冒出「你說是不是」或「你覺得怎麼樣」，諸如此類，不勝枚舉。

這一類毛病，說話者自己可能一點不覺得，卻讓人感到相當困擾。若要克服，最好的辦法是請朋友時刻提醒。

●雜音

有些人能把話說得很好，卻偏要在言語之間摻上無意義的雜音。

他們的鼻子總是一哼一哼地響著，或者喉嚨好像老是不暢通似的，輕輕地咳著，再不然，就是每句話開頭都加上一個拖長的「唉」，生怕他人聽不清楚自己要說的話一般。

這類毛病，多是習慣導致，只要拿出決心，絕對可以戒除。

• 諺語太多

諺語是詼諧而有說服力的短句，談話之時套用幾句，有畫龍點睛的效果，但用太多也不好。

諺語用過頭，會給人一種油腔滑調、嘩衆取寵的不良印象，不僅無助於增強說服力，反而使聽者感到累贅。

切記，只有將諺語用在恰當的地方，才能使談話生動有力。

• 濫用流行字句

某些流行的字句，往往會被人不加選擇地亂用一番，「奈米」這個詞就是一個被濫用的好例子。什麼東西都牽強地加上「奈米」，不僅不能提高可信度，還會使人感到可笑。

• 特別愛用某個特定詞

不知是因爲偷懶、不肯動腦筋尋找更恰當的字眼，還是有其他方面的原因，總有人特別喜歡用某一個特定的字或詞來表達各種各樣的意思，而不管這個字或詞本身是否合適。

濫用同一個特定詞彙，突顯了自身表達能力的不足，更使聆聽者感到迷惑、厭煩，必須避免。

平時就該盡可能地多記一些辭彙，並了解它們的真正涵義，使自己的表達能力更精準且多樣化。

・太瑣碎

過於瑣碎的談話，容易使聆聽者失去耐心。

例如，自己的經歷，本來最容易講得生動、精采，很多人也喜歡聽別人描述自身經歷。但是，許多人在講述過程中，會犯下過於瑣碎、不知節制的毛病，不分主次地說個沒完，好像自己的一切都很了不起，都有公諸於世的必要。可想而知，聽者會感到茫然無頭緒，很快就失去了興趣。

這樣的說話本事，無論可以把一件事情描述得多詳細，都不算高明。

講經歷或故事時，要善於抓出重點，並了解聽者的興趣究竟在哪裡。在重要的關節上講得盡可能詳細一些，其他地方，用一兩句話交代過去即可。

•過分使用誇張手法

誇張的手法多能達到引人注意的效果，不過，不能用得太過分，否則別人將無法信任你口中說出的話。

現實生活中，人不可能每次說的都是「非常重要」的消息，也不可能每次都講「極動人的」故事或「最可笑的」笑話，因此，不要動不動就用上「非常」、「最」、「極」等字眼，以免在聆聽者心中留下誇大不實的負面印象。

改掉說「廢話」的毛病後，還應該注意自己在談話中的聲調、手勢、面部表現，努力使各方面協調、得體。這樣，就能大大增強言談的吸引力，藉言語在人際交往中無往不利。

聲音完美，更具成功機會

語言的威懾和影響力，與聲音的大小沒有連帶關係，不要以為大喊大叫就一定能說服並壓制他人。

期望自己的言談本領更高明、更具吸引力，必須同時要求說話方式與內容，力求使雙方面都得到提升。

那麼，該如何讓聲音更具吸引力呢？

期望使聲音更完美，應掌握以下技巧：

• 注重自己的說話語調

語調能反映出說話者的內心世界，包括想法、情感和態度。

當感到生氣、驚愕、懷疑、激動時，你表現出的語調必定無法自然。因此，透過語調，人們可以感覺出你是一個令人信服、幽默、可親可近的人，還是一個呆板保守、具挑釁性、好阿諛奉承或陰險狡猾的角色。

同理，語調也能反映出你是一個優柔寡斷、自卑、充滿敵意的人，還是一個誠實、自信、坦率並能尊重他人的人。

無論正談論什麼樣的話題，都應力求讓說話語調與所談及的內容互相配合，並恰當地表明自己對某一話題的態度。

要做到這一點，語調必須滿足以下條件：

1. 向他人及時、準確地傳遞自己所掌握的資訊。
2. 得體地勸說他人接受某種觀點。
3. 倡導他人實施某一行動。
4. 果斷地做出某一決定或制定某一規劃。

• 注意自己的發音

我們說出的每一個詞、每一句話，都是由一個個最基本的語音單位組成，然後再加上適當的重音和語調。

正確且恰當的發音，有助於準確地表達思想，使你心想事成，是提高言辭表達說服力的一個重要元素。

而達成一切的基本，就是清晰地發出每一個音節。

不良的發音有損於形象，更有礙於展示自身思想和才能。若說話時發音錯誤且含糊不清，表明自身思路紊亂、觀點不清，或對某一話題態度冷淡。當一個人本身不具備激勵能力卻又想向他人傳遞資訊時，通常如此。

令人遺憾的是，許多管理人員經常有發音錯誤的毛病，甚至還帶有發音含糊的不良習慣。他們養成了自以爲是的一種老闆式說話腔調，講話時哼哼嗯嗯、拖拖拉拉，還以此得意，認爲體現出了自身的威嚴及與眾不同。

但看在別人眼裡，眞的是這麼一回事嗎？

可想而知，當然不是。結果極有可能適得其反，因爲這種「官話」會使下屬感到極不自然，從而產生一種本能上的抵制情緒。

•不要讓發出的聲音刺耳

人的音域範圍可塑性極大，有的高亢、有的低沉、有的單薄、有的渾厚。說話時，你必須精準地控制自己的音量與音高，因爲音量大小和音調高低不同，象徵的意義便不同。

高聲尖叫意味著緊張驚恐或者興奮激動，如果說話聲音低沉、有氣無力，則會讓人感覺缺乏熱情、沒有生機，或者過於自信，不屑一顧，更可能讓人感覺到你根本不需要他人的幫助。

當我們想使說出的話題引起他人興趣時，多會提高自己的音調。有時，爲了獲得一種特殊的表達效果，也會故意降低音調。無論如何，應力求在音調的上下限之間找到恰當的平衡。

●不要用鼻音說話

與人對談過程中，我們可能經常聽到諸如「姆……哼……嗯……」之類的發音，這就是鼻音。

應避免用鼻腔說話，因爲極有可能讓聽者感到難受。

使用鼻腔說話，會讓聲音聽起來似在抱怨、毫無生氣、十分消極，無法在別人心中留下好印象。

如果你想讓自己所說的話更具吸引力和說服力，期望自己的語言更富魅力，從現在開始，請避免使用鼻音。

●控制說話的音量

內心緊張時，發出的聲音多會較尖且高。

但是，語言的威懾和影響力，與聲音的大小沒有連帶關係。不要以爲大喊大叫就一定能說服並壓制他人，事實上，聲音過大只會迫使他人不願聆聽，甚至產生厭惡情緒。

與音調一樣，每個人說話的聲音大小也有一定範圍，不妨試著發出各種音量大小不同的聲音，從中找出最爲合適者。

●充滿熱情與活力

響亮而生機勃勃的聲音，給人充滿活力與生命力的感覺。你向某人傳遞資訊、勸說他人時，這一點能產生重大的影響力。人在講話時，自身情緒、表情和說話的內容一樣，能帶動、感染每一位聽衆。

●注意說話的節奏

節奏，即由說話時的發音與停頓所形成、強弱有序且富週期性的變化。日常生活中，大多數人根本不考慮說話的節奏，更輕忽了說話時不斷改變節奏以避免單調乏味的重要性。

節奏的重要性，可以從以下事實看出：每一種語言都有獨特的重音和語速，法語不同於德語，英語不同於西班牙語，漢語又不同於英語。

此外，人們容易認爲詩歌與散文的節奏有很大差別，其實兩者的相對區別在於規則與不規則的重讀上。詩歌具有規則的、可把握的重音，相較之下，散文的形式則是不規則的。

當人們處於壓力之下，便會不由自主地使用一種比散文更自由，或者說更無規則的節奏講話。

●注意說話的速度

語言交流過程中，講話速度快慢將影響資訊的傳遞效果。

速度太快，就如同音調過高，給人緊張和焦慮感。一個說話太快的人，必定會有某些詞語模糊不清，使他人在接收上產生困難或誤解。

當然，並不是放慢速度就一定比較好，因爲相對的，速度太慢，表明你領會遲鈍，容易使人心生不耐。

努力維持恰當的說話速度，不要太快也不要太慢，並在說話過程中不斷地視對方反應做調整，自然比較吃香。

說話的內容和聲音都是十分重要的，找出讓自己把話說得更完美的方式，無疑是贏得人心的最好方法。

想把話說好，「佐料」不可少

在不同的場合、出於不同的需要、面對不同的對象，說話速度理所當然要有所差異，以求適應環境。

就像任何一道好菜必定少不了調味料點綴、提味一樣，想要把話說好，「佐料」絕對不可少。語調就是說話不可缺少的「佐料」，即便語句相同，只要語調不同，就表達了不同的意思。

現實生活千變萬化，造就出千種甚至萬種的說話語調，以表達人們豐富的感情，或高昂熱烈、歡暢明快；或低沉舒緩，溫和穩重。語調不僅強化了內容，也揭示了說話者的情緒與心境，是一種奇妙的暗示器。

別小看了語調能帶給人們的印象，美國《今日秘書》雜誌中，一篇題爲〈你的語調會妨礙你的前途嗎〉的文章，便曾以舊金山一位辦公室女士的經歷爲例，說明說話語氣的重要。

最開始，這位女士剛從一所有名的商業學校畢業，具備辦公室人員應具備的各種技能。她首先受雇於一家大公司，想不到上班剛滿兩星期，忽然接到通知，說她那刺耳且鼻音過重的語調使雇主不勝其煩，決定解雇。這位失業的女士大受打擊之餘，立刻弄來一部答錄機，對照自己的發音，反覆聆聽、矯正，終於能用較為悅耳的語調說話，並很快又謀得了一個理想職位。

正可謂成功在此，失敗亦在此。挑選辦公室工作人員當然不能僅憑語調論優劣，決定去留，但人在說話時不能恰當地運用語調，確實是令聽者不快的事。

語調運用要準確恰當，應根據情境的需要，確定基調。比如，下級跟上級說話，一般是謙恭、平和的語調；上級對下級說話，一般用沉穩、溫和的語調；平輩之間說話，應是親密、爽快的語調。在莊重的場合，應多用嚴肅、鄭重的語調；在歡樂的場合，應多用輕快、喜悅的語調。

大凡善說者，必定重視語調的選擇，力求運用得體，或娓娓而談，如潺潺流水；

或慷慨激昂，如江河奔流，將思想感情淋漓盡致地表達出來。

說話要有基調，不能從始至終保持不變，否則過於單調乏味，好比在鋼琴上不停地彈奏同一音符一樣，令人心生厭煩。根據內容的需要，靈活地變化語調，抑揚頓挫、起伏跌宕、聲情並茂，才會引起聽者興趣，收到效益。

另外，講普通話還要掌握語速，作爲一種說話技巧，往往易被人忽視。說話忽快忽慢，快慢錯位，不善於運用語速技巧，就會影響表達效果。

交談中，聽的速度要比說的速度快。如果說話速度過慢，經由耳朵傳到大腦的資訊間隔時間太長，即會導致思想出錯，橫生枝節或誤解；另一方面，人們的「感知」速度又比說話速度慢，如果語速過快，吐詞如連珠炮，經由耳朵傳至大腦的資訊過於集中，又會導致應接不暇、顧此失彼，甚至精神緊張。

在不同的場合、出於不同的需要、面對不同的對象，說話速度便理所當然要有所差異，以求適應環境。

當情況緊急、工作緊張，或者心情緊迫時，需要在較短時間內表達主要意思，語速就要快些；情緒激動時，或興奮，或惱怒，也會不由自主地加快語速；爲了加強語勢，引起聽者注意，也需要讓語速更快。

其次，說話內容也影響語速。無關緊要的事，語速快慢皆無妨，若是說到重要的、需強調的內容，則應適當放慢速度，讓人聽得清，便於理解。

再次，說話對象也制約著語速。當對象是老人、孩子及文化素質不高者，語速要適當放慢；若聆聽者較年輕，聽辨能力強，或是個急性子，語速不妨加快些。一般情況下，以中速爲宜。

應在說話前先確定基本語速，而非從頭至尾只有一個速度、一種節奏。「和尚念經」不是好的說話方式，根據語境變化而調整語速才是正確的。

語速就跟聲調一樣，按一定節律變化，即構成特殊的節奏美。透過語速的變化，可以淋漓盡致地表達說話者的感情。

說話時要掌握好語速，何時快，何時慢，何時停頓，應恰當自如地做調整。善用語速技巧的人，無疑會增添說話的吸引力，給人以穩重、自信之感。

當快則快、當慢則慢，就是掌握語速技巧的眞諦。

內涵紮實，言語更添魅力

若不想說話空洞無物，就應下決心積累大批的、雄厚的、紮實的本錢，從充實內涵開始，讓說話的內容豐富起來。

口才，反映了一個人的道德修養、學識水準、思辨能力。

要想使自己的語言具有藝術魅力，光靠技巧是不夠的，一味地追求技巧而忽略自身的素質培養，等同於捨本逐末。我們在學習語言技巧同時，還應全面提高自身的學識修養。

有人說，在這個世界上，唯一可以依靠的人就是自己。而要得到好口才，在於平時的積累和鍛鍊。所謂「厚積薄發」，必定有一定道理，因爲言語必須以生活爲內容，先有實踐經驗，才有談話的基礎，並使對話內容充實、豐富。

對於家事、國事，都要經常關注，以吸取對自己有用的資訊。對於所見所聞，都要加以思考、研究，儘量去了解發生的過程、意義，從中悟出道理。凡此種種，都是學習並積累知識的好機會。在日常生活中，要隨時計劃、安排、改進生活，不可任性懶散地讓機會白白流掉。

若不甘於做井底之蛙，就應靜下心來努力地學習，拓展視野。你若不想說話空洞無物，就應下決心積累大批的、雄厚的、紮實的本錢，從充實內涵開始，讓自己說話的內容豐富起來。

以下，介紹一些積累談話素材的方法：

● **多讀書多看報**

日常生活中，我們每天都離不開報紙、雜誌和書。不妨在讀書看報時，備一枝筆或一把剪刀，把見到的好文章、讓自己心動的好話標出來、剪下來。每天堅持，哪怕一天只記一、兩句，也是很有意義的。

日積月累，在談話的時候，會不經意地用上曾抄下來的語句，它們可能會突然地從你的頭腦裡冒出來，給你一個意外的驚喜。

•積累警句、諺語

聆聽別人的演講或談話時，隨時都可能捕捉到表現人類智慧的警句、諺語。把這些話在心中重複一遍，記在本子上，久而久之，談話的題材、資料將越來越多，使你的口才越來越成熟，說起話來條理清楚，出口成章。

•積累談話素材

對於談話的題材和資料，一方面要認眞地去吸收，另一方面要好好地加以運用。懂得運用，一句普通的話也可以帶來驚人效果。

千萬要建立一個正確觀念：不能應用的吸收毫無意義。

•提高觀察、思考問題的能力

有觀察、思考問題時的敏銳眼光，有豐富的學識和經驗，有大大增強的想像力、敏感性，就能提高自己的口才。

隨著口才的提高，生活必將更豐富多彩，從個人的個性品質到各方面能力都將得到顯著提高，從而成爲一名無往不利、處處吃香的社交能手。

攻「心」才能收得真正效益

適時加以讚美，可在行銷、溝通過程中助你一臂之力。語言要把握得恰到好處，力求生動活潑、貼切實際。

人人都說商場如戰場，如何在品牌衆多的商場上，把你的產品成功地推銷出去，說服顧客，使他們心悅誠服地購買呢？

語言溝通絕對是最重要的。在商場上，只有夠漂亮、能夠打動顧客心靈的語言，才是金玉良言。

使顧客由「不買」變爲「想買」，可參考以下幾種方法：

• 巧設疑問

若顧客看了你的商品，轉身就走，便說明了他根本沒有購買意圖。這個時候，你再繼續講述該商品有多好多優秀都無異於徒勞，因爲對方根本聽不進去。

但是，你若能巧妙地換一種辦法，使顧客抱著好奇心態停下來，傾聽你的講解，就有可能改變顧客的意圖，化「不買」爲「買」，抓住寶貴商機。

如何激發好奇心呢？

很簡單，就是在適當的時候把疑問留給顧客。

●投其所好

顧客拒絕你所推銷的商品時，可能會說出不買的原因。

你可以抓住這個機會與他溝通，根據回答找出不滿意的原因，以及顧客眞正的需要，投其所好，對症下藥。

但是，投顧客所好也要掌握分寸，一定要一針見血，一句話就說到對方心裡去，激發他的興趣。

顧客若有自卑心理，可以透過讚美消除，給他信心；顧客若是悶悶不樂、憂心忡忡，可以運用語言藝術說出更漂亮、幽默的話，改變當時的談話氣氛；顧客若不明事理、無理取鬧，不妨順水推舟，製造反差，使他意識到自身的錯誤，從而心悅誠服地接受你的意見。

想要順利與顧客展開溝通，必須先掌握顧客的心理，清楚他們在什麼樣的情況下需要什麼、想什麼，從而做成交易。

●真誠相待

有些時候，顧客只是抱著隨意逛逛的心態，走進你的商店挑了半天，弄得亂七八糟，最後一件也不買。

這時候，身為老闆的你可能會相當生氣，該如何應對才好？

當著顧客的面說出自己的不滿，結果當然不言而喻。假若換一種心境面對，效果可能就大相徑庭了。

你應當將不滿的心情隱藏起來，耐心等待顧客挑選，並且笑臉相對。如此情況下，他極有可能會因為你的熱情誠懇而感動，心甘情願地買走某一樣商品。

某回，一個旅遊團走進了一家糖果店，參觀一番後，正打算離開時，服務員端上一盤精美的糖果到他們面前，柔聲地說：「各位好，這是我們剛進的新品，清香可口，甜而不膩，免費請大家品嚐，請不要客氣。」

盛情難卻，遊客們恭敬不如從命，但既然免費嚐了人家的糖果，不買點什麼實在過意不去，於是每人多多少少都買了幾包，在服務員歡喜的「歡迎再來」的送別聲中離去。

是什麼轉變了遊客的態度，從「不買」變成「買」呢？

自然是服務員耐心真誠的態度。

•合理讚美

做生意時，不免要面對「大權在握」的客戶，這時不妨給予合理讚美，讓對方感到得意，同時做出一些讓人痛快的決定，以更彰顯他的「權力」。

來看看下面這個例子：

在一次偶然的機會下，李華結識了一位女士，對李華經手出售的豪宅很感興趣，但對價錢卻沒有表態，留下一張名片便離開了。

李華看過名片，不由一怔，原來她是一家知名公司的副總經理。那位「女士」看起來貌不驚人，卻頂著「副總經理」的頭銜，李華認為，以她的經濟實力，絕對可以買下自己經手的這棟豪宅。

次日，李華打電話去向那位女士「行銷」，但對方只說了句：「太貴了，如果能便宜一點再說。」

事實上這是好事情，表示她對房子本身相當滿意，只是在價格上還有些問題。於是，李華要求直接與對方面談。

一走進那位女士的辦公室，李華便被眼前豪華氣派的佈置驚呆了。中間一張大辦公桌，右邊一套高級沙發，左邊還有一張大型會議桌，七、八位職員正在進行「小組討論」。

李華想也沒想，脫口而出：「您手下有這麼多人啊！」那位女士笑著說道：「是呀！這些都是我的中階主管。」

「哇！他們都是主管，下面豈不是還有更多人？」見對方點了點頭，李華禁不住讚佩道：「我見過很多男主管，但女主管有這麼大排場的，還是第一次看到。您的權力想必很大吧！如果不是自身夠能幹、有才華，絕對不可能辦到的。」

聽見如此恭維，那位女士自豪地說：「這只是一小部分。」

李華故作吃驚狀，高聲說：「太驚人了，那您做事一定很痛快、乾脆，很有大將風範。」

聽完李華的讚美，那位女士心花怒放，非但笑得合不攏嘴，還連連點頭說：「這棟房子我要了，不用等我丈夫來看，我決定就可以。就這樣說定吧！我們明天就簽約。」

就這樣，李華做成了一筆大生意。

適時加以讚美，可在行銷、溝通過程中助你一臂之力。但切記一點：讚美是一門藝術，語言要把握得恰到好處，力求生動活潑、貼切實際。若是漫無邊際、不假思索，讓聽者明顯感覺你在拍馬屁，只會收到反效果。

戰勝咄咄逼人的談話對手

當對方的問題很難回答、角度很刁，回答肯定、否定都可能出差錯時，不如不要回答，設法把問題還給對方。

溝通其實沒什麼秘訣，就看你是否懂得站在對方立場看問題，是否懂得站在對方角度說話。想要提昇自己的處世競爭力，說話乍事一定要講究策略和技巧；懂得站在對方的立場思考，站在對方的角度說話，你就會恍然發現，眼前這個人其實沒那麼難纏。

很多人都害怕和咄咄逼人的對手交談，認爲這是一種相當可怕、難以應付的談話態度。

確實如此，咄咄逼人的談話者，一般是有備而來，或是對自己的條件估計得比較充分、有信心取勝。他的談鋒多是指向一個地方，對要害部位實行「重點攻擊」，使聆聽者打從一開始就處於被動位置。

碰到這樣的人，難道就只能被動地挨打嗎？當然不是。對付咄咄逼人談話者的辦法相當多，根據情況的不同，有以下數種：

●後發制人

後發制人是使自己站穩腳跟的最有效辦法，中國人最善此道，古代哲學中，有相當多關於「以靜制動」、「反守爲攻」的論述。

相信大多數人都有類似經驗：先把拳頭縮回來，直到看準了對方，再猛烈地揮出，打得最準。

可以說，這就是後發制人的眞義。

採用後發制人策略，在以下兩種情況下施行反攻，最爲有效：

•當對方已經不能自圓其說的時候

咄咄逼人的人，開始時鋒芒畢露，也許你根本找不到他的破綻。但是，你應該抱著這麼一種觀念——他總有不攻自破的地方，總是有軟弱的地方，只是還沒被發現而已。

等待時機，一旦鋒芒收斂，想作喘息、補充，就可以全力反攻。

•當對方山窮水盡的時候

當對方進攻完畢，而後發現你身上根本沒有半點「傷口」，先前的鋒芒所指，根本是微不足道的小錯誤，或者打擊的部位不夠全面，無法從本質上動搖你，必定會走到「山窮水盡」。

對手技窮時，就是你反守爲攻的最好時機。

•針鋒相對

針鋒相對，即是以同樣的火力進攻。

對方提出什麼樣的問題，你立即給予十分肯定或否定的回答，絲毫不退讓，一點也不拖泥帶水，使對方無理可言。

•裝作退卻

假如對方的問話是你必須回答、不能推辭的，而又要對方跟著你的思路走，你可以裝作在第一方面退卻，誘使他乘機逼過來，趁勢將他帶遠，完全進入圈套中，然後再回過頭來反擊。

●抓住一點，絲毫不讓

有些時候，會遭遇幾乎無計可施的狀況。對方話鋒之強烈、火藥味之濃，使你無法反擊，他提出許多重大問題，你卻無法一一回答，該怎麼辦？

此時，應求迅速找到談話內容中的一個小漏洞，即使相當微不足道也無所謂，然後加以無限擴大，使他不能再充分展開其他攻勢。

接著，你就抓緊這一點小問題，來回與他周旋，轉移焦點，爲自己爭取時間，想出應付其他問題的辦法。

●胡攪蠻纏

所謂胡攪蠻纏，是當你理虧，被對方逼到了死角，又實在不想丟面子時，可採用的非常手段。

胡攪蠻纏，就是把沒有理的說成有理的，把本來不相干的東西聯繫在一起，說成是息息相關的事物，把不可能解決的、不好解決的問題全部扯在一起，以應付連串進攻。

胡攪蠻纏是不得已下的非常手段，在某種程度上，並不正當，但不失為一種自我保護的好方法，特別是當對方欺人太甚、絲毫不留情面的時候。

另一方面，胡攪蠻纏可以先拖住對方，以便為自己爭取時間與空間，考慮眞正的解危辦法。

●把球踢給對方

把球踢給對方，這是談話運用中一個很普遍、實用的技巧。

當對方的問題很難回答、角度很刁，回答肯定、否定都可能出差錯時，不如不要回答，設法把問題還給對方。從哪個地方踢來的球，就再踢回到那個地方去，反將他一軍。

古時候，一位國王故意考問智者道：「人人都說你聰明，不知是真是假？如果你能數清天上有多少顆星，我就同意你聰明。」

只見智者不慌不忙地回答：「如果國王陛下能先告訴我，我騎的毛驢有多少根毛，我就告訴陛下天，上究竟有多少顆星。」

上述這則故事，正是「把球踢還給對方」的精采演繹。

•打擦邊球

打擦邊球，就是給予對方一個模稜兩可的回答，好像打乒乓球時打出的擦邊球一樣，看似出界，其實仍在範圍內。

面對咄咄逼人的追問，大可還以一個擦邊球式的回答，看起來與對方的問題不相干，幾乎沒有正面回答追問，但這樣的回答又確實與此有關，使對方不能對你進行無理的指責。

站穩立場，防守反擊，將以上幾種方法運用在說話中，必能大大提高言語威力，獲得勝利。

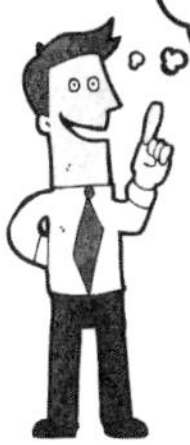

7 示弱，助你避開可能的災禍

所謂示弱，說穿了，
就是強者在感情上體貼
暫時在某些方面處於
劣勢弱者的一種有效手段。

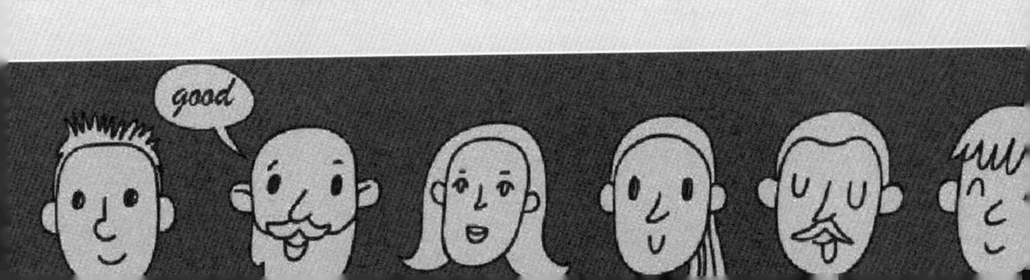

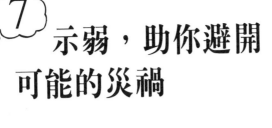

表現突出就會受人歡迎

> 不做好自己本分的事，只是一味地希望自己能夠處處受人歡迎，而一天到晚都在思考交際的方法，這麼做實在是本末倒置。

有些人本性善良，卻由於不擅將自己的心意傳達給對方，因此常常吃虧。這些人爲什麼不擅於表達心意呢？

這是因爲當他們在說話、做事的時候，常常太過在意別人的想法，最後什麼話都不敢說、什麼事都不敢做，因而被人批評是個「神秘」的人。

大家都害怕萬一做了不該做的事，別人會投以異樣眼光，因而在憂讒畏譏之下，阻礙了一個人自由的情緒表現。

「如果別人認爲我不好，那就像世界末日了。」「被別人放棄了，我一個人就沒辦法活。」會有這種想法的人，都是不擅交際的人，他們往往會無可救藥地認爲自己十分渺小、不起眼。

因此，這樣的人如果想要巧妙地透過說話的藝術和人交往，就要自己想辦法從恐懼的陰影中走出來。

方法很簡單，只要你能改變自己的想法，看清事實。

你應該進行心理建設，要告訴自己：即使像耶穌基督或佛陀這樣偉大的人，也不見得能受到每個人的喜愛。

大家都希望能被人喜愛、工作有好的發展，也想要賺很多的錢，以免被人瞧不起，但要記住，不可以太過偏執，因爲我們並不是只爲了受人喜愛而活在這世界上的，而是爲了創造一些成就而活。

在工作上，最棒的事就是受人肯定了。因此，即使只有少數人喜歡你，但只要工作上表現突出，一定會有人主動接近你的。

相反的，無論你的交際手腕再怎麼好，話說得再漂亮，若工作方面表現得很差，別人就只會把你當作閒聊的對象而已。

不做好自己本分的事，只是一味地希望自己能夠處處受人歡迎，而一天到晚都在思考交際的方法，這麼做實在是本末倒置。

A先生和B先生都是業務員，但是由於和顧客交談之時，運用肢體語言的巧妙不同，業績也有明顯差別。

A先生在對方一開始說話或問問題時，都會努力去理解對方，表現出自己的誠意，而且會適時地點頭。

但在重要關頭時，他會收起笑嘻嘻的表情，以認眞的眼神凝視對方，將熱情與表情表現在肢體上，譬如時而探出身子、時而加強語氣地來讓對方更了解他的商品，然後再度恢復原來和顏悅色的樣子。

另一方面，B先生則是面無表情地說著話。他認爲不展露內心世界，對於談生意會比較有利，所以當對方在說話或問問題時，都保持著一張撲克牌臉，而且也不會點頭表示理解對方的意思。

在該發揮說服力的時候，他一樣沒有加強語氣、也沒有探出身子，客戶不能了解他在想什麼，也懷疑他是不是眞的來賣商品的。

這兩位業務員，哪一位的業績會比較好呢？

相信不用說你也知道，答案當然是A先生。

這個例子說明了表情與反應的不同，會造成兩極化的結果。

A先生的表情與態度非常豐富，他的和藹與認眞的眼神、誠懇的態度、熱情的語調等，充滿了交談之時應有的變化，而且他會巧妙地贊同對方的話，迅速地反應，以此來打動對方的心。

所以，要給人信賴感，都必須將你的想法、行動的模式明朗化。

對於不表現出眞心的人，我們都會感到不安。

你會花錢向你感到不安的人買東西嗎？應該不會吧！

很多人買東西，其實是在買「感覺」或者是「人情」，而且通常向那種能給你信賴感的人買。沒表情、沒反應，都會帶給對方不安的感覺，很難完成交易，這一點請不要忘記喔。

過度指責，溝通容易受挫折

過往的成功溝通經驗告訴我們：學會寬容和尊重，才能更和睦地與人相處，與人共享生活的點滴樂趣。

俗話說「一樣米養百樣人」，確實一點也沒錯。

有的人只相信自己，不相信別人，讓人避而遠之；有的人總喜歡嚴厲地責備他人，使對方產生怨恨，不知不覺讓溝通難以進行，事情也辦得一團糟。

這兩種待人處世的方式都不理想，因爲只有不夠聰明、不懂溝通的人，才動輒批評、指責和抱怨別人。

不妨檢討一下自己，是不是也有喜歡責備別人的毛病？

若身爲公司主管，分配下去的某件工作沒有做好，我們很可能不是積極地去尋找原因，研究對策，而是指責下屬：「你怎麼搞的？怎麼這麼笨？」

這種時候，下屬會有什麼反應？

他可能什麼也不說，但在內心會覺得你不近人情，從而導致怨恨產生。不快情緒日積月累，必會大大阻礙彼此的正向溝通互動。

有一則笑話是這樣說的：

這天，丈夫回到家，發現屋裡亂七八糟，到處是亂扔的玩具和衣服，廚房裡堆滿碗碟，桌上都是灰塵。他覺得很奇怪，就問妻子：「發生什麼事了？」

妻子沒好氣地回答：「平日你一回到家，就皺著眉頭對我說：『這一整天妳都幹什麼了？』所以今天我就什麼都沒做。」

好指責就如同愛發誓，實在不是一種好習慣，會在傷害別人同時傷害自己，讓彼此都不好過。

接下來，讓我們看一些實際的例證：

一八六三年七月，蓋茨堡戰役展開。眼見敵方陷入了絕境，林肯下令要米地將軍立刻出擊。但米地將軍遲疑不決，用盡各種藉口拒絕，結果讓敵軍順利逃跑了。林肯聞訊勃然大怒，立刻寫了一封信給米地將軍，以非常強烈的措辭表達了自己的極端不滿。但出乎他人想像的是，這封信並沒有寄出去，林肯死後，人們在一堆文件中發現了這封信。

林肯為什麼不將信寄出？這是相當值得深思的問題。

也許林肯設身處地設想了米地將軍抗命的原因，也許他預想了米地將軍見到信後可能產生的反應，可能會憤怒地為自己辯解，也可能會在氣憤之下乾脆離開軍隊；無論哪一種，都對大局無益。木已成舟，把信寄出，除了使自己一時痛快以外，還有什麼好處呢？答案是顯而易見的。

不要指責他人，並不代表放棄必要的批評，而是要要抱著尊重他人的態度，以對方能夠接受的方式表達意見。

曾有一家工廠的老闆，一天巡視廠區，正巧看到幾個工人躲在庫房吸煙。庫房是全面禁煙的，但這位老闆沒有馬上怒氣衝衝地責備工人說：「你們難道不識字，沒有看見禁止吸煙的牌子嗎？」而是稍冷靜了一下，接著掏出自己的煙盒，拿出煙給工人們說：「試試這個牌子的煙吧！如果你們能到屋子外去抽，我會非常感謝的。」

工人們一聽全都感到相當不好意思，紛紛掐滅了手中的煙。

我們喜歡責備他人，常常是爲了表現自己的高明，有時也帶有推卸責任的目的。這都是不對的，古人講「但責己，不責人」，就是要我們謙虛一些，嚴格要求自己一些，這只有好處，絕無壞處。

在想要責備別人的不是之前，請閉上嘴，對自己說：「看，壞毛病又來了！」這麼一個小動作，將可以幫助你逐漸改掉喜歡責備人的壞習慣。

尖銳的批評和攻擊，所得的效果必定是零，因爲你想指責或糾正的對象會爲自己辯解，甚至反過來攻擊你。

不少成功的溝通經驗告訴我們：學會寬容和尊重，站在對方的角度說話，才能把話說進對方的心坎裡。

走對路，成功說服客戶

在與客戶溝通時，先找到雙方的共鳴之處，以此為溝通點，進行下一步的交流，比較容易達成共識。

一般來說，說服客戶要比說服其他人更難，因爲與客戶之間必定存在著利益與金錢的關係，因此，雙方都會比較愼重。

要想有效說服客戶，必須按照一定的原則進行：

●說服之前，先瞭解對方

「知己知彼，百戰不殆」，適用於戰場，也適用於商場。說服客戶之前，必須盡最大可能去瞭解對方的一些情況，這樣才能有針對性地進行說服。

瞭解對方時，要注意以下幾點：

第一、看性格。

不同性格的人，接受他人意見的方式不一樣。瞭解對方的性格，就可以根據以選擇出最合適的說服方式。

第二、瞭解對方的特長。

一個人總是對自己的長處感到自豪，想要說服他人，可以將對方的長處當作切入點，拉近彼此的距離，讓說服工作進行得更容易。

第三，摸清對方的喜好。

有人愛下棋、有人愛釣魚、有人愛畫畫、有人愛唱歌，總之人人都有自己的愛好。若能先從對方的喜好入手，再進行說服，較容易達到目的。

有些人不能說服對方，是因爲事前沒有充分瞭解，無法運用適當的說服方式，自然就不會得到理想的結果。所以說，在說服之前，一定要充分瞭解對手與狀況，再針對性地採取相應的說服方式。

●要耐住性子

如果你的觀點是對的，卻無法和對方達成共識，如此情況下，就該稍微緩一緩，不要操之過急。人的觀點不是一兩天可以形成的，要改變也絕非一日之功。這時候就需要耐住性子，表現出不達目的不罷休的毅力。

掌握一定原則以後，進一步來看，想成功地說服客戶，需要運用有效的策略。一般說來，有以下幾項：

•以情感人

人是感情的動物，往往以此主宰自己的行爲。

說服客戶時，不妨先從感情方面入手，儘量營造出一種平和、熱情、誠懇的氣氛，使雙方能得到感情上的交流。

•以退為進

心理學上有個名詞叫「自己人效應」，意思是說與人接觸，要取得人家的信任，就應該先讓對方認可你是「自己人」，如此方能消除陌生感，製造順利溝通的有利因素。

•尋找溝通點

與客戶溝通時，先找到雙方的共鳴之處，以此爲溝通點，進行下一步的交流，比較容易達成共識。共同的愛好、興趣、性格、情感、方向、理想、行業、工作等，都是很好的溝通點。

●步步引誘

美國的門羅教授曾發明一種激發動機的說服法，程序如下：

1. 引起對方的注意。
2. 明確對方的意圖，把說服話題引到自己的問題上。
3. 告訴對方怎麼解決，指出具體的辦法。
4. 預測不同的兩種結果。
5. 說明應該採取的行動。

在說服的過程中，要儘量站在對方的立場上看問題，直到說服對方爲止。與客戶溝通，在遵循原則的前提下進行說服，相信會有出乎意料的好收穫。

認識向人說不的好「撇步」

外交官們在遇到不想回答或不願意回答的問題之時，總是用一句話來搪塞：「無可奉告。」

拒絕，總是想起來容易，說起來難。

當我們想拒絕別人時，心裡總是想：「不，不行，不能這樣做，不能答應！」可是，嘴上卻含糊不清地說：「這個……好吧！可是……」

這種口不應允也不回絕的做法，一方面是怕得罪人，另一方面，也是因為自身不懂得如何拒絕，不知道怎麼說才好。

現在，讓我們一起來學習說「不」的竅門：

- **用沉默表示「不」**

當別人問：「你喜歡這部電影嗎？」你心裡並不喜歡，又不想直接表態，便可以保持沉默，或者一笑置之，對方即會明白。

又例如，一位不大熟識的朋友邀請你參加晚會，送來請帖，你可以不予回覆，這行爲本身就說明了你沒有參加的意願。

●用拖延表示「不」

一位男士想和妳約會，在電話裡問妳：「明天晚上八點鐘去吃頓飯，好嗎？」如果妳本身沒興趣，便可以回答：「改天再約吧！我最近都很忙，不是很有時間，眞抱歉。」

一位客人請求身爲飯店服務生的你替他換個房間，你可以說：「對不起，這得値班經理決定，他現在不在。」

你和妻子一塊上街，妻子看到一件漂亮的衣服，很想買，你可以拍拍口袋說：「糟糕，我忘了帶錢包。」

有人想找你談話，你馬上低頭看看手錶，接著說：「對不起，我還和人有約，改天行嗎？」

以上種種，都是藉拖延表示拒絕的好方式。

•用迴避表示「不」

朋友邀你去看了一部拙劣的動作片，離開電影院後，朋友問：「你覺得這部片子怎麼樣？」

此時，你可以婉轉地回答：「我想我更喜歡抒情點的片子。」

•用反詰表示「不」

你和別人談論近期社會百態，對方問：「你是否認爲物價上長過快？」

你可以巧妙地反問：「那麼，你認爲增長太慢了嗎？」

•用客氣表示「不」

當別人送禮品給你，而你又不能接受，如此情況下，可以用以下幾種方式客氣地回絕：一是說客氣話；二是表示受寵若驚，不敢領受；三是強調對方留著它會有更多的用途。

•用外交辭令說「不」

外交官們在遇到不想回答或不願意回答的問題之時，總是用一句話來搪塞：「無可奉告。」

生活中，當暫時無法說「是」與「不是」時，也可用上這句話。

除此以外，還有一些話可以用來搪塞，諸如「天知道」、「事實會告訴你的」、「這個嘛……難說」等等。

當羞於說「不」的時候，請恰當地運用上述方法吧！

但是，在處理重大事務時，容不得半點含糊，還是應當明確地說出「不」字。一個口才出眾者，應當具備果斷拒絕的能力。

示弱，助你避開可能的災禍

所謂示弱，說穿了，就是強者在感情上體貼暫時在某些方面處於劣勢弱者的一種有效手段。

在事業和競爭中，為了取勝，當然不可以示弱，但在特定情況下公開承認自己的短處，有意暴露某些方面的弱點，是一種有益的處世之道。

示弱，可以減少乃至消除不滿或嫉妒。

事業上的成功者，生活中的幸運兒，被人嫉妒是免不了的，因此，在這種一時無法消除的社會心理之前，適當的示弱可以將威脅作用降到最低限度。

示弱能使處境不如自己的人保持心理平衡，有利於整體的團結。

要使示弱產生積極作用，則必須善於選擇內容。

地位高的人在地位低的人面前，不妨表明自己學歷不高，經驗有限，知識能力有所不足，有過種種曲折難堪的經歷，實在是個平凡的人。

成功者應多在別人面前說過往失敗的紀錄，現實的煩惱，給人以「成功不易」、「成功者並非萬事大吉」的感覺。

對眼下經濟狀況不如己的人，可以適當訴訴自己的苦衷，諸如健康欠佳、子女學業不精以及工作中的諸多困難，讓對方感到「家家都有一本難念的經」。

某些專業上有一技之長的人，最好宣佈自己對其他領域一竅不通，坦露在日常生活中如何鬧過笑話、受過窘等。

至於完全因客觀條件或偶然機遇僥倖獲得名利者，更應直言承認自己是「瞎貓碰到死老鼠」。

示弱，可以是個別接觸時推心置腹的長談，幽默的自嘲，也可以是在大庭廣眾之下，有意以己之短，補人之長。

示弱，不僅表現在語言上，還要表現在行動上。

自己在事業上已處於有利地位，獲得了一定成功，在小的方面，即使完全有條件和別人競爭，也要儘量迴避退讓。也就是說，事業之外，平時對小名小利應淡薄疏遠些，因爲你的成功已經成爲某些人嫉妒的目標，不該再爲一點微利惹火燒身，應當分出一部分名利給弱勢者。

所謂示弱，說穿了，就是強者在感情上體貼暫時在某些方面處於劣勢弱者的一種有效手段。它能使你身邊的「弱者」有所慰藉，心理上得到平衡，減少或抵消前進路上可能產生的消極因素。

不願低頭道歉，將與人越行越遠

犯了錯後只一味替自己辯白，這種做法絕對是錯誤的，將導致人際關係陷入困境。高明的道歉，比拙劣的強辯好上百倍。

人人都會犯錯，這種時候，及時承認是最聰明的做法。與其等別人提出批評、指責，還不如主動認錯、道歉，更易於獲得諒解和寬恕。

眞心實意地認錯道歉，不必強調客觀原因，做過多不必要的辯解，就算確有非解釋不可的客觀原因，也須在誠懇的道歉之後再略爲解釋，而不宜一開口就辯解不休。否則，道歉不但不利於彌合裂痕，反而會擴大裂痕，加深隔閡。

當對方正處在氣頭上，好說歹說都聽不進時，最好先透過第三者轉致歉意，待對方火氣平息之後，再當面道歉。

如雙方僵持不下，勢必兩敗俱傷。不妨由當中一方先主動表示歉意，較有可能打破僵局，化緊張為和諧，乃至化「敵」為友。

誠心的道歉，應語氣溫和，坦誠而不謙卑，目光友好地凝視對方，並多用如「包涵」、「打擾」、「得罪」、「指教」等禮貌詞語。

道歉的語言，簡潔為佳，只要基本態度表明，對方也通情達理地表示諒解，就切忌囉嗦、重複。

如果你覺得道歉的話難以出口，可以用其他方式代替。夫妻吵架後，一束鮮花能冰釋前嫌；放一件小禮物在餐碟旁或枕頭下，可以表明悔意，以示感情不渝。此外，即便不交談，握手也可以傳情達意。

無論如何，千萬不要低估「道歉」之妙。

有些過失是需要口頭表達歉意才能彌補的，也有些過失不但需要口頭表示歉意，更需要改正的實際行動。不管是何種情況，改正過失的行動，都是最真誠、最有力、最實際的道歉。

當然，如果你沒有錯，就不要為了息事寧人而向人道歉。這種沒有骨氣的道歉，對任何人都沒有好處。同時，要分辨清楚深感遺憾和必須道歉兩者的區別。比如你是主管，某一位部屬不稱職，勢必將其革職不可，對這種事，你可以覺得遺憾，但不必道歉。

堅信自己一貫正確，從不認錯、道歉的人，根本交不到朋友，或易交難處，缺乏知心朋友。

有人認爲口才好的人不該低頭道歉，因此犯了錯後只一味替自己辯白，這種做法是錯誤的，將導致人際關係陷入困境。

高明的道歉，絕對比拙劣的強辯好上百倍。

讓寒暄發揮最大功效

寒暄是交談的媒觸和潤滑劑，它能在交談者之間搭起一座友誼的橋樑，產生認同心理，滿足人們的親合要求。

會說話的人，真的比較吃香嗎？

看看以下這個小故事吧！相信你會得到答案。

幾個人相約來到港灣邊，想觀賞在這裡舉行的帆船賽。可當他們走向堤壩準備觀看時，被員警擋住，說不准上去，因為觀眾已經滿了。

眼看似乎沒有希望，同行的一位女士自告奮勇要再去試試看。大約過了幾分鐘，就看她招呼幾位朋友過去，原來已經打通了員警。

朋友好奇地問她是怎麼辦到的，她回答說：「我先跟他寒暄說，你在這麼熱的陽光下，維持秩序實在很辛苦等等。聊幾句之後，我接著告訴他，我們是來看比賽的，可是只能站在岸邊，根本看不到。於是他說，到堤壩上來吧！這邊看得很清楚。」

這就是言語的作用，即便只是寒暄，都能發揮極佳效果。

寒暄是交談的媒觸和潤滑劑，它能在交談者之間搭起一座友誼的橋樑，因爲寒暄能產生認同心理，滿足人們的親合要求。

如何積極有效地展開寒暄呢？一般須注意以下幾個問題：

・積極的姿態

主動釋出善意，這是讓人感到親切的最好方法。

・集中注意力

任何漫不經心的言語，都會使對方感到被輕視。

・善於選擇話題

根據社會學家的研究，與生人見面後的四分鐘內，只宜作一般性的寒暄，如問候，互通姓名，談論無關緊要的話題等，應避免提出易於引起爭論的話題。

至於與老朋友、老同學或熟人相見寒暄，限制則相對的少一些，但還是以控制在某個範圍內爲佳。

・講究方式

與生人初次見面的寒暄，一般需有兩三個問答往復的過程。熟人之間的寒暄，如常見面，往往只需一句話、一個招呼，甚至只需一個眼神、一個微笑、一個手勢即可。如久不見面，則宜有兩三個問答往復的過程。

與別人相遇時，要迅速培養自己的愉快情緒，爭取主動，使對方從你的言行反應中感受到自己的存在，受人尊重的心理需要得到滿足，對你產生好印象。

8 先敞開心扉，才能進入別人的世界

風趣幽默又不失莊重，

是一個高明的說話大師必須注意的態度，

道貌岸然的談話模樣會惹人厭煩，

而過於輕浮的談話態度同樣會讓人反感。

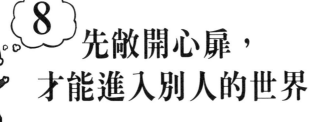

站在對方立場，就不會雞同鴨講

說話時，主題必須要明確，不然對方是不可能會明白你的意思的。你應該把想要訴說的事，簡單明瞭地整理出來。

人際關係作家霍夫曾說：「想要成功溝通，其實沒什麼秘訣，關鍵就在於你是否懂得站在對方的立場看問題。」

的確，懂得站在對方立場看問題，說話之時就能從對方的角度切入，彼此的溝通就不會變成雞同鴨講。懂得站在對方的立場說話，除了可以讓對方感受到你處處替他設想，不再與你針鋒相對，同時也可以讓跟你唱反調的人化解敵意，讓即將破局的事情出現轉機。

如果說，說話方式會顯現出你的人生風貌，你會相信嗎？

說話的方式、口氣、話題選擇、說話的組織能力、是否站在對方立場設想……等，這些總和都會決定人生的好與壞。這些說話之時的各種模式，經過每天不斷的累積，最後都會和你的生活方式息息相關，你每天怎麼過日子，是什麼樣的人，在大衆面前都會一目了然。

說話，其實就像畫畫一樣。對畫家來說，最基本的事就是如何構圖才能吸引人的目光，一幅優秀的畫，包括各個物件的配置、各種明暗狀態都必須協調，才能成功地突顯出主題。

說話也是如此，如何創造聆聽者的興趣、信賴與欲求，讓他們接受自己的說話模式，接受自己的觀點，是說話的一方必須勤加研究的功課。因此，如何組織話語來讓人聆聽，便是一門學問了。

你可能會說：「說話的結構？這聽起來很難、很複雜！」

其實，如何拆解這種結構，是可藉由學習去了解的。

說話的結構就和垃圾分類一樣，垃圾可大約分爲資源回收與一般垃圾，一般垃圾又可分爲可燃垃圾與不可燃垃圾、大型垃圾等，而不可燃垃圾又再細分爲玻璃類、鋁罐類……，像這樣整體與細部的關係，是一種連繫狀態。

你可以把它們當作是說話的結構，那就變成了：

1. 想要訴說的內容便是主題。

2. 支援主題的是主要論點。

3. 支援主要論點的是說明。

依此類推，當你在組織話語時，可將整體分成幾個部分，再將各個部分分成細部，而然後協調地將它們融合在一起。

說話時，主題必須要明確，不然對方是不可能會明白你的意思的。

當你的話主題不明確或沒有主題時，就好像是在說：「我沒有任何意見。」或是「隨便你怎麼解釋吧。」

這樣非但無法讓對方信服，也不可能說服對方了。你應該把想要訴說的事，簡單明瞭地整理出來。

主題是否明確，和是否能以三言兩語來表達清楚有關。你不妨將自己想說的事，用二十字左右來表達看看吧！

一般人在和別人談話時，最常出現的毛病，是咬字不清與滿嘴口頭禪的問題。咬字口齒不清，對聆聽者來說是非常痛苦的事，他們必須豎起耳朵才知道對方到底在說什麼，而且必須要極度的集中精神。

可是，這種對方說話的集中力是無法持久的，通常一陣子之後，他們努力想聆聽的心情就會萎縮。

在這種情況下，他們連聽話都興趣缺缺了，更不用說要對他們傳達想法、吸引他們或說服他們了。

有些人會說：「我的聲音是天生的嘛！改也改不了！」

不過，天生的聲音也有可能變得更清晰明瞭，最重要的就是記住正確的發音，關鍵點就在下顎的開啓方式。

記住了正確的發音，再讓聲音抑揚頓挫，用腹部來發出聲音，就可以讓自己口齒清晰。如果時間允許的話，每天不妨花二十分鐘來朗讀書本或報章雜誌。

努力用口齒清晰的聲音來說話，可加強自我表現能力。

至於口頭禪，最好不要出現爲宜。雖然有人的口頭禪能表現自我的魅力，但一般來說，聽起來都是刺耳的，會分散掉對方的集中力。

想要改善說話品質，可以請親朋好友幫忙注意自己說話時有沒有口頭禪，或者是在心中強烈地提醒自己。

很多人都常會不經意地脫口說出：「對呀，對呀……」「我告訴你喔……」等等口頭禪，在無意識之中會重複說著同樣的話，會讓人聽了煩不勝煩。

總之，你必須要改掉自己的口頭禪才行。

不要讓眼睛長在頭頂上

自大的人的特徵，就是他們非常缺乏實際的行動，他們只是光憑一張嘴說得天花亂墜，卻不會真正的把話兌現。

一味堅守自己的立場只會讓溝通陷入僵局，引發各種無謂的爭執和糾紛。要讓語言這項武器發揮最高戰力，就要懂得站在對方的角度，說對方最聽得進去的話語，間接傳達自己想要傳達的意思。

不尊重別人感受與立場的人，不管擁有如何高深的學識，最終只會引起別人的討厭與嫌惡，在說話辦事的時候很難達到有效溝通的目的。

說話辦事的藝術，其實就是態度上的不卑不亢。我們在論述自己意見的同時，如果能夠同時運用傾聽的技巧，表達出冷靜、理智且流露尊重對方立場的態度，無形之中就會讓彼此的交流愈來愈順暢。

大家都應該不太喜歡自大的人，所以也很難把自己眞正的想法坦白告訴他們。因此，自大的人往往沒察覺到自己想法的不成熟，或知識的不足，更不用說發覺到自己缺乏學習與不明世故的一面。

自大的人會覺得，我可依自己的想法去解決所有的問題。一個人如果用這種自命不凡的態度來生活，必定會在無形中遭受許多的挫折，或錯失無數可貴的學機會。

而且，當你以這種態度過活時，周圍的人都會敷衍你，包括你的親人、朋友、部屬或學生。他們不會告訴你內心眞正的想法，而是在和你進行表面上的交往，只不過是你一直沒察覺而已。

每一個人都不喜歡得罪別人，所以不會有人來糾正你的自大態度。即使是上司也不想讓部屬討厭，他們寧可表面上對你說：「你表現得實在太棒了！」但心裡其實是這樣想：「這個驕傲自大的傢伙！」

自己是否很自大？若不時時認眞的自我檢討反省，其實是很難發現的。接下來，就提供兩個「線索」，讓大家做自我檢視一番。

首先是捫心自問：「我是否是一匹人人敬而遠之的狼？」

自大的人，大家都會不想接近他，所以會在不知不覺中變成孤單一人。如果，已經很久沒有人邀你去他家，或是邀你一起喝個茶，你就必須開始反省這一陣子自己的言行是否過當。

自大的人的第二個特徵，就是他們非常缺乏實際的行動，他們只是光憑一張嘴說得天花亂墜，卻不會眞正的把話兌現。

例如，他們總把自己說得像日行一善的童子軍，卻從不會將筆記借給別人，不會把座位讓給老人，也不曾眞心回饋過些什麼。

那麼，要怎樣才不會變成自大的人呢？

首先是時時增廣見聞，要深刻的體認到目前自己的想法或擁有的知識，在這個知識爆炸的時代中猶如滄海一粟而已。因此，要試著去了解自己做得到的事是什麼，做不到的事是什麼。

接下來就是和能坦白說話的人交朋友。如果做不到，可以多參加類似團體諮詢的活動，或是以不記名方式做問卷，寫出希望自己可以改進的地方。也許，你會發現經常有人會這樣寫：「不要老是誇大其詞、光說不練！」

學習從別人對自己的認知當中，爲自己的說話態度與技巧找到新的定位，是一個人成長必經的路程。

有時自己認爲是正面的部分，從他人的觀點來看卻是負面的。相反的，自己認爲是負面的部分，別人可能認爲：「那個人有這種優點，爲什麼卻那麼自卑呢？」這時，過度的謙虛反而會被視作矯情的表現。

我們想要在言談方面有所成長，就必須增長正面的部分、改善負面的部分，但我們很難明確或客觀地判斷哪些是自己負面的部分，因此追求互相忠告的人際關係是很重要，如果不把別人的金玉良言放在心上的人，是不會成長的。

成爲一個被忠告者，其實是値得高興的，因爲這表示責備或忠告你的人不管是家人、朋友、上司或前輩……等等，是眞正關心你的。

此外，當你被責備時，應該怎麼做才好？

首先就是要坦然地虛心道歉。倘若死不服輸或是不假思索頂撞回去的話，下次就再也不會有人指正你了。

接下來則是不要逃避責任，如果你把責任推到上司或同事身上，簡直就是犯了第二次錯誤，只會讓問題變得更加複雜、難以解決。

再者是不要情緒化，因爲一旦變得情緒化就容易嚇跑身旁的人，會讓自己的世界變狹小，最後只會讓自己孤立無援。不要把衷心忠告你的人都當作看不起你或有意貶低你的敵人，這樣實在太傻了。

另外，也不要死要面子，如果你突然惱羞成怒，對方可能會丟下一句：「隨便你好了！」就棄你而去。

最後，則是要思索他爲什麼要這樣對你說？

人沒有完美的，如果對方對你說的話令你很難接受話，你可千萬別認爲他是對你有所不滿，這時千萬要先冷靜一下，他對你說的內容可能很重要，要對事不對人才是成熟的做法。

與其煩惱，不如增強說話技巧

一味地留在原地煩惱，說話技巧是永遠都不會進步的，必須勇敢地挑戰。越覺得它是自己的弱點，你就越要去試。

很多人在參加講座或研討會時，都喜歡呼朋引伴地去參加，因爲這樣心情會比較輕鬆，有值得依靠的人在身旁會讓他們有安全感。

不過，想要增強自己的說話能力，越怕生的人越要獨自參加，因爲，一旦參加，就會和初次見面的人坐在一起，這樣，就需要開口和陌生人說話，下定決心做出的第一次改變，將會改變你的人生。

如果被要求要發表意見，不要畏畏縮縮，你應該欣然接受。因爲它所帶來的優點會比你預期的要來得多呢！

因爲如果有了可能會被人要求發表意見的預期心理，至少你不可能兩手空空地來參加，這時你會事前先把資料準備好。

雖然不見得一定順利，但它至少製造了一個讓你去跨出第一步的機會，也許當場你會因爲不擅言語而吃了苦頭，而且聽衆也許會有人露出不悅的神色。但無論如何，這對你自己來說，都是一種學習的機會。

初次嘗試發言的人在面對那種不耐神色時，只要當他不存在即可，因爲這表示他的傾聽態度不好。只要將視線轉換到一個好的傾聽者身上，就不會受到傷害。你可以一直不斷練習，直到你完全熟悉；實踐是最好的導師，說話能力不經訓練是不會進步的。演講的訓練是培養內心強韌度的最好辦法。

想增進說話技巧，不安、恐懼與訓練不足所產生的壓力，以長遠的眼光來看，都是達成目標的代價。

雖然應該避開事前就已預測到的風險，但在事情順利地進行到一半時，可以試著勇敢向它挑戰。如此一來，你的人生之路可能就此多了一個拓寬的機會。

一味地留在原地煩惱，說話技巧是永遠都不會進步的，必須勇敢地挑戰。

沒有內容就什麼也說不出口，同樣的，沒有主題就不可能採取說話策略，如果只是徒有觀念而無實際行動，實在是太糟蹋了。

關於改善言談的對應方法，首先，是不要逃避代理機會。譬如說當上司要你代替他去其他公司拜會的話，那麼機會就來了，要好好現你自己最棒的一面，絕對不要浪費機會，因爲機會不是隨時都存在的。

另外則是向自己的弱點挑戰。人類最令人驚奇的一項特性，就是將負面改變爲正面的力量。越覺得它是自己的弱點，你就越要去試，當你克服了自己的負面及弱點的時候，你會發現驚人的成長幅度。

再來則是要向優秀者挑戰，這可不是說去找他人吵架。你可以在心裡，把你尊敬的競爭對手，以及讓你成長的敵手當作自己學習的目標，並以超越目標當作人生階段中的重要任務。

先敞開心扉，才能進入別人的世界

風趣幽默又不失莊重，是一個高明的說話大師必須注意的態度，道貌岸然的談話模樣會惹人厭煩，而過於輕浮的談話態度同樣會讓人反感。

我們會在某些社交場合中，看到正當大家談得興高采烈的時候，有的人卻心不在焉地站在一邊，露出僵滯的笑容胡亂點頭，一副若有所思的模樣。

這種人其實正沉浸在個人的幻想世界，不願加入眾人話局的人，其實，他們的腦海中無時無刻不在爲自己的利益打量。他們最關心的是自己的地位和前途，總是在腦海中盤算著如何才能更快速飛黃騰達，爬到更高的位置，獲得更多的財富，過更舒適奢華的生活。

這種人對別人的生活一點也不感興趣，只是礙於禮貌，虛偽地附和著別人的話語。對於週遭的事物，他們顯得冷漠淡然，彷彿置身於社會生活之外，心靈飄泊在某個遙遠的地方，腦海裡塞滿了自己功成名就之後的模樣。

唯一可以讓他們感興趣的，只有和他們有切身利害關係的事物。當別人談論到如何快速成功致富，他們就會馬上得興趣盎然；一聽到與自己沒有關連的事情，就顯得意興闌珊。正因爲這種人生活在自私自利、冷漠無情的自我幻想世界中，所以，總是像個戴著面具的人。

人必須敞開自己的胸懷，學會容納別人，才可能進到別人的世界，獲得別人的幫助。一個胸襟狹隘、自私自利的人，永遠都不能建立良好的人際關係。

如果你緊緊地封鎖了通往自己心靈的途徑，關閉了所有對外溝通和交流的渠道，那麼，你的人際關係就會被切斷，你和別人之間的談話，就只能是漫不經心的、馬馬虎虎的和機械單調的，不會帶有任何活力或感情。

我們可以見到，幾乎所有的成功者，成功的秘訣都在於他們能夠以生動有趣的語言，有效地表達自己思想。事實上，對他們而言，表達能力就是他最大的財富，只要一開口說話，財富就會源源而來。

美國總統林肯是一位熱情而又風趣的說話大師，不管在任何人面前，他都能表現得詼諧幽默，使人如沐春風。他說話的時候，會用生動有趣的小故事和笑話，使得人們徹底放鬆緊張的心情，所以，很多人在他面前都感到非常輕鬆自如，願意敞開心胸和他深入交談。

林肯之所以能成爲受人歡迎的說話高手，要訣在於，他懂得藉著幽默感，增強了自己談話的感染力。

但是，並不是每個人都像林肯一樣幽默風趣，如果你缺少幽默的天賦，又刻意想製造幽默效果，往往會適得其反，有時還會讓自己像個馬戲團小丑。

一個優秀的談話高手，說話的時候不能擺出一副嚴肅的表情，或者不苟言笑，也不要老是舉一些枯燥乏味的例子或說一堆雜亂的數據，因爲，枯燥乏味的例證和統計數據，只會令人心裡覺得沉悶和厭煩。

風趣幽默又不失莊重，是一個高明的說話大師必須注意的態度。因爲，道貌岸然的談話模樣會惹人厭煩，而過於輕浮的談話態度同樣會讓人反感。

因此，要想成爲一個優秀的談話大師，態度必須自然而不造作，風趣而不輕浮，既不惺惺作態，也不故意賣弄自己的才華。

你必須感覺到自己充滿樂於與人交往的熱誠，找出別人感興趣的話題，如此才能打動對方的內心，牢牢地抓住他們的注意力。如果你表現出一副冷漠、拒人於千里之外的模樣，根本無法獲得別人的共鳴。

想要使交談的對象靠近你，就必須開啟自己的心靈，並且以最自然的說話方式和對方交流。你必須先敞開心扉，別人才會以相同的態度回應，如此一來，你才能進入他的內心世界。

無論你擁有多高的天賦，受過多高深的教育，穿著多麼光鮮亮麗，擁有多龐大的財產，如果無法用優美而恰當的語言來表達自己的思想，你的人生注定乏善可陳。

別急於突顯自己

用溫柔的言詞對待你身邊的人，用心的做好你手邊的事，如此一來要讓別人都不注意到你也是很難的事。

保持洽當的應對進退，有時候也是說話辦事之時應該注意的社交禮儀。

不管在日常生活或是工作場合，千萬不要只想到突顯自己而不考慮別人，這是維持良好人際關係最重要的準則。

只要我們的行爲得體，我們就能讓別人喜歡我們。

有的人擅於突顯自己讓別人印象深刻，有的則不太擅長。

或許有人每年都會寄賀卡給你，但你卻無法確定他到底是哪一位。

雖然從字裡行間，可以看出你應該曾經和對方很熟悉，但是，卻怎樣也回想不起他是誰、有什麼特色，也不好意思回信詢問他是誰，只好直接回寄一張賀卡，感謝他的問候和祝福。

有的人雖然久久才會寄一次賀卡給你，但他在你的記憶裡，卻如同昨日一般鮮明。如果有工作要託付，你腦中閃過的第一人選就是他。

每個人都會有想突顯自己讓別人印象深刻的慾望，但表現的方法卻各有不同，你用對方法了嗎？你是不擅突顯自己的人嗎？

不擅於突顯自己的人，大致可分爲以下類型：

第一種人是不會設身處地替他人著想，總以自我為中心的人。

他們可能會攔住急忙前往另一處的人，不管對方的時間是否許可，就拼命地說著自己的事；或是一廂情願地認爲對方絕對是記得自己的，就興高采烈的向對方報告自己的近況……等等。

也許他們的態度表面上是和善，但這樣的人，是不會讓人留下好印象。

第二種人是強迫型的。他們總是不顧他人想法，拼命地想表現自己。

例如，在集體面試時，自己只是一個勁兒的說話，完全不給其他人發言的機會，完全沒有警覺到這是一種強迫性的態度，根本稱不上是積極或是主動。

這種人其實大多是因爲他們的不安全感，讓他們以爲如果表現得不比人更顯眼，就無法生存下去。

你如果有「雖然被人家認同是再好也不過了，但不被認同，並不代表前途就此暗淡無光」、「不能因爲不被他們認同，就認定自己不被全世界的人認同」的想法話，就不會以強迫性的態度去突顯自己。

第三種類型是先發制人的人，他們會將競爭心理帶到職場或社交場合上，因而很容易引發夥伴的嫉妒心。

多數的上司會對於言談之間崇拜自己的部屬或後進，有特別寵愛的傾向，這是由於每個人多少都有些自戀成分，因此倘若部屬或後進以此佈下戰略，便容易讓他們上勾，贏得他們的偏愛。

由以上所舉的三種典型可知，在這世上充滿那種寧可帶給別人不愉快、也要突顯自己的人。要如何才能避免讓自己成爲這種人呢？

首先是，說話辦事之時要考量到別人的心情，有爲他人服務的精神。比如說，當同事因爲小孩要準備考試而操心，你可以將自己小孩推薦的優良參考書送他；聽聞晚輩的妻子生病了，你可以介紹醫院給他，表示你的關心。

不過，要這樣做之前，你自己本身的問題必須先得到解決。如果自己的問題都沒解決，就一味地服務他人，可能就會被批評爲多管閒事了。

再者則是爲了自己所屬的團體，去發掘每個可能發生的問題，並且透過言詞提出可行的解決方法。

例如，要舉辦尾牙時，你就可以表現出你的細心：「從公司帶一瓶酒過去怎麼樣？」「可以叫某某人一起來呀！」等等，爲了讓你所屬的團體感覺是融洽的，你必須要感覺敏銳，並且盡可能地照顧到每個人。

接下來，是要在說話之時適度地撒點嬌。

所謂適度，就是至少不要給人感覺太厚臉皮。

譬如，你可以說：「可不可教教我那個？」「我離開一下，如果有電話，幫我接一下好不好？」

這樣受託的人會因爲認爲自己受到信賴，被上司或前輩認可而感到開心，更樂於辦好你交代的事。一般而言，擅於突顯自己的人，也是擅於撒嬌的人。

最後就是在自己可以容許的範圍內，扛下別人討厭的工作。像是假日上班、開車接送、打掃、收拾爛攤子、處理客戶申訴案件……等等。

當然，這世上還是有人會完全不想突顯自己，寧願做個沒沒無聞的平凡人。千萬不要因爲這樣就認爲自己是低層次的人，因爲比起什麼事都不想努力去做，而只想被人家認同、只想突顯自己的懶惰蟲，你絕對要比他們高出許多。

總之，千萬別急著突顯自己，而是用溫柔的言詞對待你身邊的人，用心做好你手邊的事，如此一來要讓別人都不注意到你，也是很難的事。而強迫別人的眼睛看著你，只會讓你幼稚又無能的形象，深刻的烙印在人們的心中。

訓練幽默感的五大重點

笑容會讓人開心，即使你自己很沮喪，只要試著露出笑容，心情就會開朗起來，這是幽默的最基本條件。

很多不善言詞的人一聽到幽默的話語，心裡不禁會想：「如果我也能講出那麼好笑的話就好了！」

所以，就有許多本來沒什麼幽默感的人，爲了讓聆聽者發笑，故作幽默地說一些低級無趣的葷笑話，或是讓別人笑不出來的冷笑話，有時候反而會惹來大家的不悅，或是破壞了當時的氣氛。

其實，眞正的幽默感，是自然地醞釀出來的東西，唯有自然流露的幽默感，才有可能讓聆聽者的心靈緩和下來，彼此充分溝通。所以，想要言談幽默，首先就先期許自己做個幽默的人吧！

那麼怎樣才能成爲一個幽默的人呢？

具體來說，大略可分爲以下五種方法：

1.將自己心中的「完美主義」趕出去。

對凡事都要求完美的人，不太可能具有幽默感的。因爲如果沒有一定程度的包容，幽默感是不會產生的。

人生難免有失敗，失敗有時會讓人生更精采，如果你自己都無法認同失敗的存在，就無法成爲具幽默感的人了。

2.凡事要有開朗樂觀的想法。

人類有的樂觀、有的悲觀，如果你是屬於悲觀的人，不妨想想，悲觀幾乎不會改變事實。如此一來，還有什麼好悲觀的呢？

人要擁有樂觀的想法，想法樂觀的人會比較開朗，也比較有彈性，也已經具備了醞釀出幽默感的特質了。

3.不要將失敗的經驗累積在心中。

每個人在做一件事時，一定都希望成功，可是難免還是有失敗的情況。一般人不可能期盼失敗降臨，然後將那些失敗的經驗放在心中，再去跟人家分享的。可是，從逆向思考的角度而言，你將你的失敗經驗告訴別人，如果不是什麼太嚴重的失敗，他們絕對會開懷大笑的。

因爲，我們都喜歡別人的失敗經驗，但是自己經歷了一模一樣的失敗，卻無法主動開口。因此，這些失敗的經驗如果由你自己說出來，別人就會覺得你是個懂得自我解嘲，有幽默感的人。

4.消滅負面的妄想情結。

如果不加以約束，大多數人的心裡會慢慢浮現妄想的情結。這種妄想並不會帶來任何利益，只會讓心情更灰暗，這樣就不會產生出幽默感了。一旦你產生了妄想，不妨提醒自己去消滅它。

5.表情很重要，不要忘記笑容。

笑容會讓人開心，即使你自己很沮喪，只要試著露出笑容，心情就會逐漸開朗起來，心情開朗是幽默的最基本條件，不要忘記要隨時保持笑容。

無意間說出的一句話，可能會讓你的人生變好或變壞，短短的一句話，也會讓一個人幸或不幸。你在和人說話時，是否都會意識到每句話的重要性呢？

就因爲不是每個人都經得起開玩笑，所以，想要成爲一個幽默的人，不要開別人玩笑，而應該試著對自己開點玩笑。

像是故意提到自己的弱點或自卑的地方，說一些誇張的話或俏皮的話，時而說出帶點諷刺的話……等等。

你可以經常找機會練習，想要說出具有幽默感的話，你自己就必須先成爲具幽默感的人才行喔！

如何向上司表達自己的意見

上司也是人，每個人都想要對方認同自己，所以即使他做了錯誤的判斷，也要表示認同他的人格及立場。

思想家賀拉斯說：「懷著輕蔑對方的心理，就會使你的話語充滿怒氣，不僅會傷害別人，也會傷害自己。」

試想，如果說話不分對象，對待什麼人都用充滿蔑視或憤怒方式，那麼勢必會爲自己招來禍端，也無法和別人好好地溝通。

就算這樣的人有著滿腹經綸，最後也會遭到上司冷凍或是解僱，最後淪爲只會成天發牢騷的社會邊緣人。

如何對上司表達自己的意見、卻不會讓上司沒面子的方法是很重要的。

相信很多人都會有過在無意間頂撞上司、讓上司惱羞成怒的經驗吧！

當上司對你說：「已經好幾天了，你也該做出個結論了吧？」

如果這時你卻回答：「這怎麼可能辦得到嘛！你看一下我們目前的現狀，應該馬上就知道不可能啊。」

也許當時的你還不夠圓融，所以才會依自己的情緒、說出完全不爲對方著想的話。試想，此時的上司會有怎樣的心情呢？

部屬的口氣如此無禮，對上司而言可是一大屈辱，因此他們會運用自己職務上的權力去暗整你，甚至還會威脅你，並且可能在往後的日子裡，也會用盡各種方法來挑你毛病，對你施壓。

像這種對待上司，並不會得到自己想像中的效果，反而會激怒上司，招致和自己預期完全相反的結果。

那麼怎麼說才能提高效果呢？

其實，上司也是人，每個人都想要對方認同自己，所以即使他做了錯誤的判斷，也要表示認同他的人格及立場，這是最基本的態度，而且要以請對方聆聽自己想法的心情來應對才是。

你可以這麼說：「聽了課長的意見，我覺得很新鮮，原來還可以有那種想法。可是關於那個案子，我是這麼想的……。您覺得如何呢？我很想聽聽課長的意見。」

這樣的說話方式，就不會讓上司覺得毫無面子，而且還能使他委婉地提出不同的想法和參考意見。

如果上司不容易流於情緒化，會冷靜地聆聽他人的意見，便能反省自己的言行和決策是否有錯誤。

如果這時的你能再來尋求他的建議時，就能讓上司更明顯地察覺到自己的錯誤，並得到修正與改善。

沉默是最好的反抗

必要時的沉默能製造懸念，為自己的反擊留下更多的空間，正如縮回來的手，一旦握緊拳頭打出去將更加有力一樣。

在談判或辯論中，有時候需要針鋒相對，有時候需要巧施「激將法」，有時候則需要保持緘默，以沉默的態度來迴避問題或是回敬對方。

用沉默這種無言的回敬方式，有時確實能震懾住對方，使對方感到心虛膽怯，不戰自敗，可說是一個相當不錯的談判方法。下面舉一個例子加以說明：

在某國的記者招待會，一位外國記者故意問：「請問貴國是否有雛妓問題？」主持招待會的代表說：「有！」沉默數秒後，又說：「過去曾有！」

可想而知，當第一個「有」字剛出口時，會引起多麼大的震撼，這樣的回答，肯定讓所有在場人士瞠目結舌。然而，經過幾秒鐘的沉默，最後那句話說出口時，人們才在沉默的驚疑中回過神來。

這幾秒鐘的沉默，使所有人都感覺到該國過去與現在的鮮明對比，因而產生出強烈的感染力量。

從這一實例可以瞭解到，有時候沉默並不代表語塞，抑或是語言溝通上突然出現阻礙，反而是一種非常高超的語言表達手段。如果運用恰當，它的效果會出人意料之外的神奇。以下這則例子也能證明這點：

二十世紀四〇年代中期，英、美、蘇三國首腦在波茨坦舉行會議。會間，美國總統杜魯門對史達林說：「美國已研製出一種威力非常大的炸彈。」

這句話的用意在於暗示美國已經擁有原子彈。杜魯門之所以這麼說，是想試探一下史達林對此的態度。

在杜魯門講話的時候，英國首相邱吉爾兩眼直盯著史達林的臉，觀察他的反應。史達林像是故意裝聾作啞，臉上依舊毫無表情，並保持沉默。

後來，不少與會人士回憶當時的情況，都說：「史達林好像有點耳背，根本沒聽清楚杜魯門的話。」

但事實是如何呢？其實，史達林不僅聽清楚了這句話，並且聽出了這句話的真正含義。會後，他對莫洛托夫說：「我們應該加快工作進度。」

史達林爲什麼刻意裝聾作啞？因爲在那種特殊情況下，任何方式的語言表達，都不如沉默來得有效。

請謹記：沉默就是最好的反抗。必要時的沉默能製造懸念，爲自己的反擊留下更多的空間，正如縮回來的手，一旦握緊拳頭打出去將更加有力一樣。因此，在談判的過程中善用「沉默的反擊」，將能爲你帶來極大的利益。

9 恰如其分地讚美別人

要恰到好處地讚美別人不是一件容易的事，

但如果稱讚得體，就能博取對方歡心，

快速拉近彼此之間的距離。

不要吝於讚美別人

適度、真誠、委婉、合情合理的讚美是去病除疾的良藥，言過其實的讚美會令人生厭，效果適得其反。

每個人都喜歡聽好聽的話，說好話絕對比做好事更容易達成溝通的目的；想成功，在溝通的過程中，如何讚美別人，如何把話說到別人的心坎裡，絕對是必修的學分。如果你不知道如何站在對方的立場看問題，不知道適時稱讚對方，藉機把話說進對方的心坎裡，非但無法達成自己的目的，而且還會使自己在溝通的過程處處碰壁，難以和對方進行良性互動。

古人說：「快刀割體傷易合，惡語傷人恨難消」，說明出言不遜的人只會自食苦果，只有處處與人爲善，寬以待人，才會建立與人和睦相處的基礎。

在現實生活中，有些人不討人喜歡，四處樹立敵人。這並不是大家故意和他們過意不去，而是他們在與人相處時，總自以爲是，對他人百般挑剔，隨意指責。

如果你想成爲一個被人喜歡的人，就必須學會衷心地讚美別人。

一個笑容可掬，擅於發掘別人優點給予讚美的人，肯定會受別人的尊敬和喜愛，這種人自然身心健康，生活、工作都十分愜意。

在日常生活中或職場上適時地讚美他人，會讓彼此的信賴關係更穩固，也會激發出工作意願。譬如女性最喜歡別人讚美她漂亮，簡單不費功夫的一句話，可是女性最棒的活力來源。

當然，如果要請別人幫你做事，讚美對方更是不二法門，即使讚美到他害羞的地步，也絕對不是壞事。

在孩子的教育上，那就更不需懷疑了。以責備方式來教導孩子，是不會有太大效果，還不如費一點心思，找出可取之處來讚美他。比起做錯事被責備，小孩子絕對會比較喜歡被讚美的。

一旦被讚美，就能增加自信心，會產生一種自己被認同的安全感。因爲，自己被人信賴的喜悅，會讓人產生一股動力，因此我們應該儘量針對對方的優點去讚美他。

對於攻擊性的態度，一般人都會很自然地產生敵對的心理，對於親切的態度，他們也會產生友善的反應。如果是以施壓的態度接觸小孩，不管你說話再怎麼有趣，他們也不會聽你的。

大人其實也和小孩一樣，當你發現職場上有人拼命工作而得到優異成果時，都應該不吝嗇地讚美他。千萬不要等他離職時，你才說他是難得的人材，或是一個優秀的業務精英什麼的，這樣不僅不能激勵他，也對公司毫無助益。

提到讚美，我們經常在婚禮的致詞上聽到，新郎都是優秀分子、前途無可限量，新娘都是才貌兼備的女性等等。雖然我們會把它當作是形式上的讚美致詞，但內心還是得十分高興。

不管如何，在儀式上我們已經習慣了充斥著瑰麗辭藻的讚賞，但在日常生活或職場上，我們都還不習慣讚美別人，因爲對於讚美都會直接聯想到，它是一種恭維或者巴結，因而產生抵抗感。

礙於保守的民族性，東方人不像歐美人那樣會直率地道謝，讚美別人，反而很怕別人認爲自己別有居心；被讚美的人就算是事實，也會在嘴上謙虛地加以否定。

其實，讚美至少是一種友好的態度，意味著溝通的積極表現。你不妨大方讚美對方，也接受對方的讚美！若覺得懷疑，多注意就好，即使被欺騙，也不是什麼大不了的事。

此外，積極地讚美他人吧！它可以當作加強溝通的潤滑劑。雖然有人會覺得這樣太輕浮了，但這樣才能讓地球運轉得更順暢。

在職場上也試著利用讚美的功用吧！它和獎金不同，是不需要花錢的，而且還能得到很大的效果。

讚美必須要選擇時間與場所，否則可能讓被讚美的人產生被諷刺的錯覺。別忘了，一定要採取公開的方式，暗地讚美是毫無意義的。

適度、眞誠、委婉、合情合理的讚美是去病除疾的良藥，言過其實的讚美會令人生厭，效果適得其反。

潛心去研究讚美這門學問，一定會使你的心靈充滿喜悅與幸福，讓你的工作與生活充滿陽光和希望。

千萬不要逞口舌之能

想要成為優秀的說話高手，談吐必須機智得體，在製造風趣幽默效果的時候，千萬不要冒犯他人，否則就會適得其反。

人如果不關心正和自己交談的對象的話，很難成爲一個受人歡迎的說話高手。懂得說話藝術的人，有時儘管話語說得很少，但卻能挖掘別人身上的優點，透過眞摯的讚美誘導對方開口說話。

他們和別人交談的時候，態度非常眞實熱忱，而且善解人意，因此，在他們面前，即使是個性害羞內向的人，也能輕鬆自入地侃侃而談。

他們解除了別人的心防，讓他們不再有所疑慮，使得他們能夠敞開心胸暢所欲言。大多數的人們都認爲，他們是一個風趣幽默的談話大師，因爲他們能夠挖掘別人

身上最優秀的內涵。

倘若你想成爲一個四處受人歡迎的人，那麼，你就必須先旁敲側擊了解與你交談的對象，然後用他們最感興趣的議題來引導他們加入話局。

因爲，如果你的議題不能令談話對象產生興趣，那麼，你試圖拉近彼此心理距離的努力，將會徒勞無功。

有些人能夠準確地挖掘別人身上的優點，有些人則恰好相反，總是觸及別人隱隱作痛的傷口。善於發現別人優點的人之所以受歡迎，就在於他們會使別人忘掉不愉快的事情，而且懂得喚起別人身上所具有的特殊優點。

想要成爲優秀的說話高手，談吐必須機智得體，在製造風趣幽默效果的時候，千萬不要冒犯他人，否則就會適得其反。

如果你想令別人感到自己的談吐詼諧幽默，除了必須鍛鍊自己的說話技巧之外，必須留意的是，千萬不能逞口舌之能戳傷別人的痛處，或者是嘲諷別人。

輕鬆自在地表現自己

其實你的自我意識不需要太強烈，應該坦率而自然地表現出自己想法。別人並沒有你想像的那樣注意你，不妨自在輕鬆地表現自己吧。

很多人不習慣在眾人面前說話，尤其是害羞、內向的人更容易發窘，一緊張起來，就開始心跳加速、冷汗直流、雙腿發軟、天旋地轉……先前準備好的說詞可能早已忘得一乾二淨，說起話來不知所云，視線也完全不敢投向前方。

遇到這種情況，你可能覺得自己完蛋了……。

可是，當你恢復意識後，有時卻會發現狀況與自己想像的迴然不同。你或許會看到有人露出微笑，甚至坐在隔壁的上司還稱讚你說得很好，大家都紛紛誇你態度穩重，說話也有重點。

這一定會讓你大吃一驚吧！怎麼會完全出乎自己意料之外呢？

這種情況其實常發生。原因在於，你可能非常重視這件事，但別人根本覺得沒什麼，所以即使發生一點點差錯，你會覺得事態嚴重，不過別人卻不這麼想的。這是因爲，人通常只注意到自己，對攸關自己的事情非常重視、在意，對別人的事就沒太大感覺。

人際關係上也是如此，或許你會覺得：「對他說話還是客氣一點比較有禮貌。」但是，對方心裡卻可能會想：「這人說話好虛僞，眞不知道他到底在想什麼。」

所以，其實你的自我意識不需要太強烈，應該坦率而自然地表現出自己想法。別人並沒有你想像的那樣注意你，不妨自在輕鬆地表現自己吧。

過去，大家會認爲謙虛就是一種美德，不過，這一套在現代早已不適用了！我們常常會說：「我沒辦法勝任這件事」、「比我有能力的還大有人在」，其實大多時候，內心都是在想：「我優秀得很呢！」以爲自己這樣是很謙虛的。

不過，換成是你，聽到這樣的話，應該不會對對方有好印象吧?!你可能覺得對方很不積極而已。

所以，倒不如再多表現出自己，如果遇到了能力不及的事，就要採取積極努力的態度，這是比較重要的。

要注意的是，可別太高估或吹噓自己的能力，這是許多人常犯的毛病，往往為了抬高自己的身價，大拍胸脯保證或是誇下海口，不過不要忘了，虛張聲勢的話會馬上被看穿的！

當別人對你有好印象的時候，其實是你的能力和言語一致，而且具有說服力的時候，也就是對方能明確地評估你的時候。

坦誠地表現自己，就能給與對方好印象。

還有，我們大都無法同時處理很多工作，因此當上司突然交代某些新工作給你時，你就必須就手頭上的工作進行取捨，不過，關於那些想要拒絕的話語，你應該是很難說出口吧！

那麼，當你非得接受超越自己能力以上的工作時，該怎麼辦呢？

其實，與其事後才懊惱不已，你不妨一開始就婉轉地向上司說明自己的工作狀況，這才是聰明的做法。

你可以委婉地說明：「老實說，從我現在的能力和工作量來看，我想，要完成這項任務是很困難的，可是我願意盡力試試看。不過，若途中需要協助的話，必須麻煩您找人支援。」

這樣一來，你積極的態度就會被讚許，而且大家也會很樂意協助你。就算途中接受了支援，你也不會有難堪或受傷的感覺。

其實，不管是工作或人際關係上，你想要有怎樣的結果呈現，都全憑自己，關鍵點就在於樂觀進取，不要給人負面的印象了！

建立人際關係，從「聽話」做起

聚精會神地聆聽博學多聞的人談話，不僅能增進自己的人際關係，獲得志同道合的朋友，也可以從中萃取豐富自己人生所需的養分。

波斯作家薩迪曾說：「口中的舌頭是什麼？它是智慧寶箱的鑰匙，只要不打開，誰都不知道裡面裝的是珠寶還是雜貨。」

言語對於大部分普通人來說，是用來交流思想的，但是，對某些聰明人來說，則是用來掩蓋思想的。

交談的藝術，不只是讓人聆聽的藝術，也是聆聽別人說話的藝術，因此，在交談當中，一個人獨佔全部的話題，是一種無禮且不合情理的錯誤。

千萬要記著，大自然賦予人一條舌頭和兩個耳朵，爲的是讓人聽到的話兩倍於說出的話，如此才可能增長自己的智慧和人際關係。

在現實生活中，有許多人不僅不懂得說話，也不懂得「聽話」。

現代人的生活步調太過匆忙，大都缺乏耐心去聽別人談話，有時根本就不尊重正在與我們交談的人。

和別人交談的時候，我們往往表現得心不在焉，極不耐煩地左顧右盼，或者玩弄雙手和身邊的物品，或者不禮貌地打斷別人的談話。

總之，我們老是恨不得趕快結束這次談話，趕往下一個目的地，和另一個對象進行相同的會話。

這種現象正代表著，我們懷著急功近利的心態，生活在焦躁不安之中，不會爲自己和別人留下深入交流的時間，生活的壓力推促著我們盲目地前進，在熙來攘往的人潮中推推擠擠，想擠出一條康莊大道，以便朝著夢想中的名利權勢奔去。

因爲欲求不滿足而滋生焦躁不安，是現代人最顯著的特徵之一。除了追逐權勢、名位、財富之外，其餘的事物都不會令我們產生興趣，反而讓我們感到厭煩。很多時候，我們和別人交往，並不是以建立彌足珍貴的情誼爲基礎，而是以功利的角度來衡量他們對自己的價值，評估他們能為自己帶來多少助力，能否幫助我們達成自己的目的。

生活的緊張、繁忙與庸碌，使我們認為自己沒有多餘時間去培養待人接物應有的優雅禮儀，也沒有時間吸收別人的優點，增強自己的內涵與學識。

殊不知，這種膚淺的想法與行為，久而久之，就會使我們成了言語無味、功利市儈的世俗庸人，缺乏吸引別人接近的魅力。

其實，聚精會神地聆聽博學多聞的人談話，不僅能增進自己的人際關係，獲得志同道合的朋友，也可以從中萃取豐富自己人生所需的養分。

如果，你渴望建立一流的人際關係，讓自己獲得更多友誼和助力，首先，你必須從專心聆聽別人說話做起，以虛懷若谷的態度尊重別人的言談。

成為傾聽高手的不二法門

不能成為傾聽高手絕對是有百害而無一利的，靜下心來想一想，你是否懂得認真聆聽別人說話呢？

不論做任何事，想要得到美好的成果，集中注意力是必備條件，這個原則可以應用在商業、藝術、運動……等各方面上。

交談之時的傾聽方式也是一樣，集中注意力是很重要的。

傾聽高手是會認同別人存在、激發出別人潛在能力，而且讓別人內心溫暖的人。每個人都衷心盼望自己身邊能有這種傾聽高手，如果你能成爲傾聽高手，就代表你成爲他人所歡迎的人，不但人際關係會變得很好，能得到各種有益情報、得到別人的協助，發生困難時也能得到必要的支援，好處多多。

一般人大都比較想培養說話能力，但其實傾聽能力才是更重要的，因爲不管在工作或人際關係上，最基本的東西就是溝通，而溝通又是由傾聽這種行爲來達成的；傾聽能力越高，溝通也會越順暢，人際關係也一定會變好。成爲傾聽高手能帶來一些具體好處，像是受人喜愛、能順利地進行工作、不會錯過任何有利的情報、成爲說服高手及說話高手……等等，這些都是有連帶關係的。

雖然每個人的好惡都很主觀，情況也因人而異，但同樣一個人，爲什麼有人喜歡他，有人卻討厭他嗎？

關鍵點就在交談時的表情與態度。

怎樣的表情與態度才會受到別人喜愛呢？

除了笑容、尊重對方的反應、思考自己在對方心中的印象之外，要養成受人喜愛的傾聽方式，還有一些值得注意的地方：

1. 注意不要有瞧不起對方的態度與言語。

我們都討厭別人瞧不起自己，使自尊心受到傷害，所以言談之際，也不能使別人有這種不愉快的感覺。

2.尊重對方的立場。

每個人都會先想到和自己有密切關連的事，希望對方多少考量到自己，因此交談之時要尊重對方的立場。

3.要有恰到好處的附和。

附和應該是發自內心的感覺，不要讓人有矯揉做作的嫌惡感。

4.一邊筆記一邊傾聽，對方就會對你萌生好感。

因爲，對方會覺得自己受到重視，心情當然就愉快了。

5.不要逼問，而要詢問。

詢問是要確認對方說的事，關於不清楚的事情，希望對方在能力範圍內能告訴自己，但一旦用逼問的方式，就會讓對方惱火而不愉快。

6.懂得稱讚他人，取悅對方。

人和人說話會心情變得愉快，往往是在對方對自己有不錯評價的時候，因此，該稱讚的時候不需要猶豫，想到時就可馬上脫口而出。

7.引用對方的話。

對對方的話迅速地反應，在對話中引用他的話來說，是聰明的做法，尤其是表現對方心情或情緒的話，就會更有效果。

8. 醞釀出悠閒的氣氛。

一般人交談之時，最討厭無法定下心來說話的感覺了，因爲會有對方沒有確實消化自己話語的空虛感。

說話的一方如果覺得聽者並沒有認同自己的存在，又怎能對這種人有好感呢？因此製造出悠閒的氣氛是一定要的！

9. 不使用讓說話者失去意願的言語。

一般而言，只要聽到否定的言語、明顯沒有認眞聆聽話的言語、懷疑的言語、催促談話的言語，說話的人就會馬上失去繼續說話的意願，使得交談氣氛整個冷淡下來。

就說話藝術而言，不能成爲傾聽高手絕對是有百害而無一利的，靜下心來想一想，你是否懂得認眞聆聽別人說話呢？

恰如其分地讚美別人

要恰到好處地讚美別人不是一件容易的事，但如果稱讚得體，就能博取對方歡心，快速拉近彼此之間的距離。

要恰如其分地讚美別人是件很不容易的事，如果讚美得不恰當，反而會令對方生氣。要想讚美得恰到好處，就必須盡早發現對方引以爲豪、喜歡被人稱讚的地方，然後對此大加讚美。

因此，在尚未確定對方最引以爲豪的地方前，最好不要胡亂稱讚，以免自討沒趣。試想，一位原本就爲自己身材消瘦而苦惱的女性，聽到別人「讚美」她苗條、纖細時，又怎麼會高興呢？

那麼，究竟什麼才是一個人引以爲榮的地方呢？

首先，每個人都有自己的特長與愛好，這些特長、愛好常常就是一個人引以爲榮的地方，因爲特長是他優於別人、超出別人的地方；愛好則是一個人的興趣所在，許多人會在自己的愛好上投入大量財力、物力、精力。

因此，靈活交際的智慧就在於尊重別人的特長與愛好，再加上適當的讚美，就能贏得一個人的歡心。

對有一定特長的人，如書法、繪畫、釣魚、種花等等，不可只是口頭上的讚美，最好抱著謙虛請教的態度向對方討教一番。即使你對那方面瞭解頗深，也不妨顯得有些外行，好讓對方表現一番。

其次，每個人或多或少都有些自認爲很光榮、很光彩的往事，他們常常把這些事掛在嘴邊，老是說：「想當年……」「那時候，我曾經……」「在法國留學那一陣子……」

對於這些往事，他們常常希望得到別人的讚許。因此，瞭解對方引以爲榮的往事再加以稱讚，多半能令對方高興。

最後，每逢女性改變髮型、服飾、裝扮時，一定要加以稱讚。像是說：「今天的耳環不一樣，是在哪裡買的呢？」

聽見這種暗藏讚美的話，沒有一個女孩子會不高興的。對許多女性而言，服裝或飾物是自己最希望受人讚美的部分。

但要注意，若是對這方面不甚了解而隨便讚美，也有可能帶來反效果，例如將廉價的衣服讚爲「高貴的服飾」，可能會令對方有被愚弄的感覺。

要恰到好處地讚美別人不是一件容易的事，但如果稱讚得體，就能博取對方歡心，快速拉近彼此之間的距離。

因此，若想成爲一個成功的領導者，對「稱讚」這門學問就要好好研究，它會是開拓人際關係的最佳武器。

用祝願式言語增進情誼

雖然祝願式的言語不一定有邏輯性，但只要話語中包含誠心的祝福，對方自然樂於接受，也就有益於促進彼此間的關係了。

好聽的話語人人愛聽，所以在人際交往的過程中，多說點好聽話能減少彼此之間的摩擦，加強彼此的情誼。所謂的「好聽話」不單是指稱讚對方的話語，同時還包含帶有祝願意味的話語。

祝願式言語主要強調一種美好的意願與說者真摯誠懇的感情，是用一種友好的心情去祝對方的未來發展狀況順利、一切心想事成。這類話語不一定合情合理，但由於話中帶有善意，所以聽者多半會欣然接受。

例如，在某間飯店的公關部售票台前，有位客人匆匆來到櫃檯前要訂車票。

「早安！」辦事員很有禮貌地站起來招呼。

「我要三張後天去紐約的九十一號列車車票。」這位客人不耐煩地說。

見客人情緒不佳，辦事員立即將訂票單取出，幫客人登記。當寫到車次時，他習慣性地問：「先生，萬一這趟車訂不到，三一一或三〇五號列車可以嗎？它們的發車時間是……」

但沒等對方說完，客人就連說：「不行！不行！我就要搭九十一號列車。」

辦事員又強調：「萬一……」

沒想到這番好心反而把客人惹火了。「什麼萬一？你們是爲客人服務的，怎能這麼說？」客人有些惱怒。

這時，這名辦事員立即意識到自己說話的方法不妥，差一點把客人趕跑了。他根據對方回應的信息，立即調整話語，轉換語氣說：「我們一定盡最大努力，設法爲您買到票。」客人這才滿意地離去。

第二天客人來取票之時，根據前一天打交道的情況，辦事員一改過去公事公辦的態度，笑瞇瞇地對他說：「先生，您的運氣眞好，明天九十一號列車的車票恰好只剩三張票，我已經幫您買下來的。先生您的運氣這麼好，肯定是要發財了。」

客人一聽此言，立即眉開眼笑，還到販賣部買了一大包零食請辦事員吃，而且從此以後，他成了這家飯店的忠實顧客。

上面例子中的辦事員，從買到車票的幸運「推測」出「發財」一說，這兩者之間沒有必然性可言，也不具備多少合理性，但重點在於它是一句人人都愛聽的好聽話，讓人聽了就開心。

祝願式言語帶有濃厚的情感色彩，需要內含眞實的情感，並給予對方最爲貼切的讚美。雖然祝願式的言語不一定有邏輯性，但只要話語中包含誠心的祝福，對方自然樂於接受，也就有益於促進彼此間的關係了。

禮貌得體地使用語言

巧妙運用禮貌用語是社交場合中的最高智慧，它能使雙方相處得融洽，有利於友誼的發展。

一句話能使人跳，也能使人笑。語言是思想的衣裳，還能展現出一個人的氣質與教養。交際中如能使用禮貌的語言，不僅能爲自己塑造出良好的形象，還能發揮「良言一句三冬暖」的效用，人與人之間的感情很快就會融洽起來。

因此，應對之時應多加使用如您好、謝謝、請、對不起、別客氣、再見、請多關照等種種禮貌性語言。

以往在招呼對方時，多習慣問：「吃飽了嗎？」但這樣的打招呼方式太單調，也有點不雅。在這方面，可以多用「早安」、「午安」、「晚安」、「最近好嗎」、

「請代我向夫人問好」等等詞語替換。但不論打招呼的內容爲何，語氣務必要溫和親切，音量要適中，若說話尖聲尖氣，別人就難有好感。

在人際交往中，得體地使用禮貌語言和謙詞，可以給對方留下良好的印象。在這裡介紹十種在一般場合中常用的禮貌用語：

一、與好久未曾見面的人見面時說：「久違」。

二、與不相識的人初次見面時說：「久仰」。

三、有了過失求人原諒時說：「請多包涵」。

四、請人幫忙時說：「勞駕」。

五、有事要找別人商量時說：「打擾」。

六、請對方不必再送行時說：「請留步」。

七、發表自己意見時說：「有不對的地方多請指教」。

八、有事要暫時離開時說：「失陪」。

九、歸還物品時說：「奉還」。

十、當別人表示謝意時說：「別客氣」。

在談話中不應用命令性的詞語，這類詞語也非禮貌性詞語。「你應當這樣」、「我們應當」、「我們必須」這類話語，都易令聽者不愉快、不舒服。此外，在公共場合中談話時，高聲辯駁、出言不遜、惡語傷人等都是大忌。

還有些人總是喜歡大談自己如何如何，令人難以接受。

義大利音樂家威爾第五十歲時，曾與一個十八歲的青年作曲家談話，但這位年輕人只喋喋不休地談論自己和自己的樂曲。

當威爾第專心聽完他的談話後說：「當我十八歲時，我認為自己是個偉大的作曲家，總是談『我』；當我二十五歲時，我就說『我和莫札特』；當我四十歲時，就改說『莫札特與我』了。」

這一席話很發人深省，它告訴我們，一個人要少談自我、要有自知之明，不要目中無人。

在人與人的交往中，稱呼是必不可少的，人們對於稱呼的恰當與否也相當敏感，有時這點還會決定交際的成敗，稱呼不當就會產生情感上的障礙。

現代人的稱呼名目繁雜，但一個適宜得體的稱呼，就能產生微妙的作用。對男性的稱呼，一般多用「先生」，但對女性的稱呼，就要多加注意對方的身分了。一般稱已婚的女子爲「太太」；如果對方身分地位較高，應稱爲「夫人」；對未婚的女子則稱呼「小姐」。

若是面對陌生、不熟識的女子，稱呼「小姐」會比貿然稱她爲「太太」安全得多，無論對方是十六歲或六十歲，寧可讓她微笑告訴你她是「太太」，也不可使她憤怒地糾正你應該叫「小姐」。

稱呼除了在性別上的分別外，還要注意對方的年齡、輩分、地位。對長者可尊稱爲「奶奶」、「叔叔」等；若對方是上級，可用職務稱呼他。尊稱易使雙方感情融洽，也能表現出自己禮貌與恭敬的態度。

巧妙運用禮貌用語是社交場合中的最高智慧，它能使雙方相處得融洽，有利於彼此間友誼的發展。

10 克服緊張情緒，行事才能順利

告訴自己：「我緊張、不安，
對方也會與我產生同樣感覺。」
這樣，你的心理會坦然些，
也會增加勇氣。

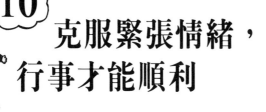

從對方的舉動明瞭彼此的互動

對方的某些舉動，往往暗示著與你交流時的心情。因此，也必須注意對方的行為表現，作為自己下一步行動的參考。

很多人失敗，並不是敗於實力不濟，而是不知道運用「語言」這項利器，不知道什麼時候該說什麼話。唯有細心研讀對方的肢體語言，並且靈活應用語言的魅力，才能增強自己的競爭力。

與人交流往來時，一定要嚴格要求自己的舉止，避免出現以下行爲。

1. 做人太虛偽

與爲人虛僞的人交往，常會讓人擔心受騙上當，沒有安全感，讓人難以相信他。

這種人只關心自己，不關心他人，把個人利益看得至高無上，凡事斤斤計較、患得患失、損人利己，爲了個人的蠅頭小利可以放棄他人、集體的巨大利益。私心太重的人必然缺乏吸引力。

2. 挫傷別人自尊

常常挫傷別人的自尊心的人，不會有和諧的人際關係，因爲破壞了他人社會心理需求的滿足，自然讓人討厭他。

3. 報復心強

與報復心強的人交往，使人產生壓力，常常擔心稍有不愼就會遭到報復，心理上很緊張，因此自然疏遠他。

4. 嫉妒心強

妒嫉別人，企圖剝奪別人已經得到的物質和精神的需要，這種心理一旦表現出來，就會引起別人的反感。

5. 猜疑心重

人們往往感到與猜疑心重的人難以眞誠坦率地交往。這種人心眼小，敏感多疑，難以讓人親近。

6. 苛求別人

喜歡吹毛求疵、苛求於人、使人不快的人，常常令人自尊心受挫。解除不快的辦法，就是遠離這種人。

7. 驕傲自大

恃才傲物、目中無人、習慣自吹自擂的人，當然使人心生嫌惡，不願意接近，將會嚴重地影響人際之間的交流。

另外，對方的某些舉動，往往暗示著與你交流時的心情。因此，也必須注意對方的行為表現，作為自己下一步行動的參考。

1. 談話的中途不斷插嘴

一般情況下，說服別人總是一鼓作氣地進行方能有效。假如在你正說得起勁時，對方不斷地插話，打斷你的話頭，會破壞語言表達的效果，同時也說明對方情緒有些煩躁，此時你該考慮停止說話，或轉移話題。

2. 故意裝糊塗

人們在交談時，爲了瞭解對方是否眞心聽清楚了，總會在談話告一段落時，問上一句：「怎麼樣？我這樣說你聽懂了嗎？」

如果你覺得自己說得非常明白，連小孩子都能懂的話，對方卻故意裝作聽不明白：「我還是不懂，你到底想說明什麼啊？」這種故作驚訝和不明白，給人的感覺是他對你談的問題漫不經心、缺乏興趣。

是否該再重複一遍，就看你的耐心程度和是否希望繼續與他交往下去，如果都不是，最好結束談話，越快越好。

3.左顧右盼

交談之時，不停地左顧右盼，來回移動自己的視線，或者用手摸摸辦公桌上的東西，露出一臉神經質的樣子，說明聽話人已經很不耐煩，希望你能及早結束談話。

4.不斷地看錶

當你正談得津津有味時，對方卻不時地把目光停留在自己或者你的手錶上，或者不停地看壁上的鐘，這種神情表明對方已感到時間難捱，如果他再說上一句：「這樣吧，讓我回去再重新考慮一下。」顯然他要送客了。

5.時常翻動自己的記事本

在交談過程中，如果對方動不動就翻看自己的記事本，表明他在暗示你，他下一個行程已經安排了，希望你儘快簡單明瞭地說明來意。

這時，你最好縮短你的談話。

6.經常離開座位

倘若你和對方談話時，他經常找藉口離開座位，這表示他並不重視你的存在，或者不喜歡你的談話，此時你可以根據自己的情況適時打住。

7.故意自言自語

在兩個人談話當中，如果有一方「顧左右而言他」，有一句沒一句地自言自語，那麼，另一方就可明白他對這個話題毫無興趣，漠不關心。

此時，說話的一方應該起身告辭。

克服緊張情緒，行事才能順利

告訴自己：「我緊張、不安，對方也會與我產生同樣感覺。」這樣，你的心理會坦然些，也會增加勇氣。

與人交涉、溝通、談判的過程中一定要避免緊張，緊張只會壞事。以下是克服緊張情緒的技巧。

1. 一開口聲音宏亮，就不會怯場。
2. 服裝方面，穿著較正式稱頭的衣飾，可以增加自信心。
3. 交涉之前，如果遇到不愉快的事，要利用很短的時間，使自己的心情轉為愉快。比如翻看喜歡的雜誌、看幾則笑話，大笑一番；逛逛附近的百貨公司，欣賞悅目的商品等等。

4.對手可能使你怯場時，設法提早談判的時間。
5.以輕快的步伐走到會場，心情會輕鬆許多。
6.提早到達會場，心理上就不會那麼畏畏縮縮。
7.保持眼睛的高度跟對方齊等的地步，精神壓力就會減輕不少。
8.交涉場所最好選擇自己熟悉的地方，如果辦不到，至少也要選擇雙方都不熟的地方，讓雙方的立足點相同。
9.遇到可能使你畏縮的對手，說話的時候要緊緊地注視對方的眼睛。
10.把關鍵問題提早說出來，緊張感就會緩和。
11.怯場時坦白向自己承認：「我有點怯場了，真不像話！」只要意識到了，就不再那麼緊張。
12.如果你感到在氣勢上已被對方壓倒時，不妨拿出一張紙胡亂塗寫。這一辦法有兩個作用，一是由於隨意胡亂塗寫，手指頻動之時，自己的緊張感能夠緩和；另一項作用是可以攪亂對方心理，分散其注意力。
13.交涉之前想些自己的優點和成就，就會產生信心。

14. 告訴自己：「我緊張、不安，對方也會與我產生同樣感覺。」這樣，你的心理會坦然些，也會增加勇氣。

15. 告訴自己：「我的對象與我一樣，不過是個平凡的人。」這樣就不會被對方的社會地位或頭銜嚇住。

16. 為了防止談判突然中止的時候發生尷尬氣氛，事先要帶些資料、備忘錄之類的東西，以便隨時可以若無其事地翻看。

17. 忽然被對方提出的問題難住，一時無法回答的時候，要立刻反過來問對方相關的另一個問題。

18. 發現自己說錯了話，就立刻在腦子裡想起與此全然無關的事情。

19. 發現自己很緊張，就使所有動作緩慢下來。

鼓勵是瓦解心防的秘密武器

試著養成肯定別人的習慣，直到它變成一種固定而正常的行為，如此一來工作場合中許多男女之間的緊張情況就會得以紓解。

「肯定別人」是激勵和推動一個人，並使他融入工作團隊最有效的方法。團體或組織是讓人們獲得肯定的地方，同時也會讓人擁有權力、技能與人力等各方面的資源。

現代社會中，男人和女人在彼此的合作關係中，會分別表現出自己的優點與特質，會互相學習改善團隊工作的效率，因此，應該給予對方充分的鼓勵以及正面的肯定。

但是，許多男人和女人都不願意肯定對方，擔心若是自己向別人喝彩就會吃虧。

男人將男人之間的相互肯定視爲理所當然，然而卻不願意對女性的成就多給予一點讚許。相對的，女人對男人的「傳統男人行爲」也不敢貿然給予讚美，害怕這樣一來反而會助長他們的自我心態與大男人主義。

有些男人不敢以讚賞男人方法稱讚女人，這是由於她們具有魅力和其他「女性特質」，唯恐這些原本用於男人身上的讚美之詞，會被女性認爲是一種失去女性魅力的奇恥大辱。至於女人爲何不願意爲男性的成就和冒險喝彩呢？原因無他，就是因爲她們覺得男人已佔盡所有優勢。

就是這種想法，造成了工作場所中「肯定」的大量缺貨。在工作中，我們不斷聽到人們抱怨其他人，同事們做錯了什麼，卻很少聽到給對方支援和鼓勵。

試著養成肯定別人的習慣。每天都要求自己肯定別人或自己，直到它變成一種固定而習慣性的行爲，如此一來工作場合中許多男女之間的緊張情況就會得以紓解。但首先必須要掌握正確的肯定方法，一般來說適當的讚美應具備以下幾個特徵：

- 以第一人稱發出讚美與肯定
- 用詞簡潔直接

• 明確指出對方的成就

此外，讚美職場中的女性時，請具體稱讚她的成就，而不要只是著重於她的外貌、性格或其他毫無相關的美德。

讚美一個工作中的女性具有傳統女性的優點、善良溫柔，她或許會覺得心花怒放，然而，她若只獲得這些讚美和肯定，那麼這些話無異於是一個極大的陰謀，使她無法繼續前進。因爲，她們需要知道的，是別人欣賞她的做事方法，以及她對團隊成就的貢獻。

描述地越詳盡，就越能表示眞的留意對方的成就。尤其若能說出對方對該項成就的感受，而不是只針對該成就爲組織所帶來的利益，那將會更令人欣慰。

傾聽才是溝通的最高境界

「傾聽」是與人交流溝通的最高境界，將對方表達的意思，瞭解清楚之後，才表達自己的看法，這種溝通的成功率極高。

經常有人誤以爲交流溝通就一定要靠嘴巴說話，其實這是不對的觀念，我們可以用筆溝通、用肢體溝通、用眼睛溝通、用微笑溝通，最厲害的則是用傾聽來溝通。

當然，得要看在什麼狀況之下，再選擇用什麼方法溝通。如果你是團體的領導人，那就更要懂得這一點。

有一個青年去找哲學家蘇格拉底，想要向他學習演講的技巧。

青年一見到蘇格拉底，就滔滔不絕地介紹自己的理想和抱負。好不容易等他說完了，蘇格拉底才說：「要教你演講可以，但是我要收兩倍的學費。」

青年一聽，覺得很奇怪：「為什麼教我要收兩倍的學費呢？」

「喔，」蘇格拉底看了看青年一眼，「因為我得教你兩門學問，一是教你怎麼開口，二是教你怎麼閉嘴。」

個性獨裁跋扈的人，往往只專注於意見的表達，不懂得傾聽的藝術。當他說話告一段落沉靜下來，似乎是在聽別人的意見，但是一開口卻根本接不上別人的話。原來，他中止的時候，正在想下一句要說什麼。

世界知名的大音樂家李斯特，在俄國巡迴演出時，應沙皇之邀到克里姆林宮演奏。沒有想到，就在演奏進行當中，沙皇不但很傲慢地躺在沙發上，還不斷和旁邊的人聊天。

李斯特氣極了，根本沒有心情好好地演出，瞪了沙皇一眼。可是，沙皇一副毫不在乎的樣子，依然不斷講話。

李斯特雖然憤怒，可是臉上仍保持著一副平和的樣子。他一言不發地蓋上琴蓋，中止了演出。

沙皇見了覺得很奇怪，叫侍從去問音樂家為什麼不演奏了。李斯特故意提高音調，但是仍然溫文有禮地大聲回答：「喔！沒什麼，只不過大家都在聽陛下說話，我也應該靜下來，不要打擾陛下說話。」

沙皇一聽，尷尬地笑了笑，停止了說話，等到了大廳一片靜寂之時，李斯特才又打開琴蓋，若無其事地繼續演奏。

「傾聽」是與人交流溝通的最高境界，眞正的傾聽不但是要用耳朵聽，還要用心去聽，眞正能夠將對方所表達的意思，瞭解得清清楚楚之後，再經過腦袋客觀地分析、研判。一旦思考有了結論，才運用說話的技巧妥當表達自己的看法，這種溝通的成功率極高。

掌握與異性相處的安全尺度

無論做任何事情，下任何決定，都應該用體貼的心去思考對方的難處，避免造成困擾，強人所難。

懂得尊重別人，才是一個成熟的人。尊重是一種現代人應當具備的修養，透過言談舉止，確實落實在與每一個人的互動、交往上。

與異性相處，更要抱持著尊重態度，並且遵循以下的四個原則：

・不要亂開玩笑

人們在相互交往中，免不了彼此開點小玩笑，為了融洽人際關係，溝通情感，也為生活增添樂趣。

這些玩笑，就內容而言，有高雅和粗俗之分；就其動機而言，也有善意和惡意之別。無論男女，相信誰都不樂意聽見粗俗且飽含惡意的玩笑。

但也有一種狀況，就是你明明不覺得自己說錯了什麼，卻讓對方勃然大怒，覺得受到冒犯，這是怎麼回事呢？

道理很簡單，就是因為你開的玩笑已經失當，在不知不覺中觸及對方的忌諱或者心結，引起對方憤怒或煩惱。

關於這方面的真實例子可說不勝枚舉，只要稍加回憶，相信你必定可以從自己過往的生活中得出許多經驗。

某些玩笑，如果對象是男性，或許不會惹什麼麻煩，但倘若針對女性，就可能導致難以預料的後果。凡是涉及年齡、長相、身體、衣著、心態、人格……乃至一切可能損及自尊心的話題，都應該小心謹慎，儘量避免觸及。

凡是人都有自己的忌諱，因此在與人交談的過程中，特別是和異性交談，應避免口無遮攔，觸及引人不快的話題，自找麻煩。

• 不要觸痛傷疤

在漫長的人生旅程中，每個人都難免會經歷一些挫折、痛苦和不幸。每當回想起這些往事，當事者內心難免會感到傷痛。

將心比心，如果你已經知道身邊的異性曾遭遇一些變故，無論是來自家庭、婚姻、事業，或者其他種種，都應該要極力避免有意或無意的觸痛，以免引起不必要的人際紛爭波動。

• 不要過分熱心

所謂過分熱心，是指超越彼此現有關係的反常行爲，尤其在男性對女性的態度上更要注意，務求拿捏出最適當的距離與尺度。

身爲男性，在與女性同事或友人相處時，過分冷淡當然不好，但是過分熱心，也容易引起不安，招致猜忌。以辦公室爲例，男性職員對女同事的關懷和幫助，必須有所節制，用以下四個因素加以制約：

其一，時間因素。此時此刻，給予這種方式的熱心，是否合適？

其二，地點因素。在這地點、這場合，表示這種方式的熱心，是否合適？

其三，人際因素。接受者本人，或者她的朋友，包括整個團體的風氣與輿論，對於這樣的熱心舉動是否可以接受？

其四，行爲因素。這種熱心行爲，究竟有沒有必要？是否可以換個方式？審慎評估後的行動，不但可以有效保護自己，避免很多不必要的麻煩。

• 不要強人所難

強人所難，是一種缺乏修養、不講禮儀道德的行爲。

無論男女都應該明白，異性和自己在許多方面的行動、想法、考量點是不一樣的，或許導因於先天生理機制的不同，或許是後天環境與責任的不同所造就。因此，無論做任何事情，下任何決定，都應該用體貼的心去思考對方的難處，避免造成困擾，強人所難。

男女交往大不同

男人常常誤以為女性同意他的看法，女人則認為男性對她的話毫無興趣，這是因為男女之間表達的方式大不相同。

爲什麼男人與女人之間，常常發生溝通方面的障礙？這是因爲男人和女人各有自己的「性別語言」。

也就是說，男人和女人在許多時候，雖然使用同一種語言交談，但事實上，兩者的用語跟對語言的解釋方式並不相通。

有幾個常見的狀況可以讓我們更明白這種不同。

・男人講話的時間比女人多

如果一個團體裡男女都有，那麼仔細觀察就可以發現，通常說話時間比較長，而且較常發言的會是男性。

當這種狀況發生時，女性往往會停止談話，或者成爲兩人的對談。

• 男人愛插話

在男女都有的團體裡，九十六％的插話都是男性所爲；如果一個團體裡只有男性或女性，則互相插話的比例相當。

這樣的結果，就是女人更難充分表達自己的想法，男人則認爲女人無法提出具體想法，甚至誤以爲就算團隊裡有女人，對男人而言也沒有什麼助益。

• 女性會注視說話者

無論發言者是男是女，女性往往比男性更專心地注視著對方。但男性對於這種狀況，往往會認爲女性在聽話時漫不經心，只會賣弄風騷；女人則覺得男人傲慢自大，不尊重別人。

• 女人學習語言的能力較佳

大多數女性對於語言的學習較爲敏銳，男人會因此認爲有些女人在言語上佔他們便宜，女性則認爲男人智力較差或頭腦不清。

・男人會控制談話主題

談話的主題受到男人掌控時，女人會覺得受到排擠或開始感到無聊，男人則容易因此失去增廣見聞的機會。

・女性喜愛轉換話題

在一般的討論場合中，女性提出的話題往往比男性多。結果，男人被認爲枯燥無趣，只談工作和運動；女人則被視作浮躁、缺乏專注力。

・「點頭」的用意不同

女性通常會點頭讓說話者知道她正專心聆聽，男人則只有在贊同對方的話時才會點頭。因此男人常會誤以爲女性同意他的看法，但事實卻不然；女人則認爲男性對她的話毫無興趣、固執或根本沒有在聽。

・女性太常使用慣用語

女性較常使用一些補充的字眼和「女性專用」的形容詞、動詞與結構，例如，對每個人都說「很好」、「實在太棒了」，這些用詞會讓人覺得她的話不太莊重，似乎有些膚淺，或是習慣在每句話之前會說「我希望你眞的不介意」、「假如」等等，這往往會讓聽者感到不知所措。

男人會因此而抓不到女性話中的重點，或者不把女人的話當眞；女人則覺得有時和男人談根本沒有用。

其實不只是對於語言的詮釋方式不同，會導致男女之間發生誤會，有時候說話時的情緒也會充分展現這種性別差異。

對於男女應該有什麼樣的情緒，以及如何表達，社會已經形成一定的社會共識，但近幾年來，男女兩性都努力學習勇敢表達出自己隱藏起來的那一面。

我們的感情世界就像冰山，露出海面的只是一小部分，其餘則深深埋藏在地底下。許多男性總是展現出十足的攻擊性，永遠滿懷衝勁與動力，但事實上他們的內心也許充滿憂傷、困惑、恐懼、痛苦。女人則是往往心裡正在生氣，但表現出來的確是溫和的微笑。

要完全透視埋藏在對方心中的想法是非常困難的，但可以大致歸納出一些面對彼此情緒的方法。

• 給男人的提示

在工作場所中，女人的眼淚，很少是因爲憂傷或失落而掉。當你看到女人正在哭泣，暫時先不要上前安撫、碰觸或照顧她，最好的方法就是留在原地不動，讓她盡情地發洩不滿的情緒。

・給女人的提示

男人生氣有很多可能的原因，當一個男人看起來或聽起來在生氣時，千萬不要自顧地走開，試著當他的心靈導師，鼓勵他把發生的事情說出來，並且引導他朝著冷靜、理性、客觀的角度思考問題。

若是能夠了解兩性表達方式的差異，就能夠有效減少兩性溝通的問題。

規勸他人爭吵，也要講求技巧

勸架猶如解繩結，先要看清繩結的形狀，找到結繩的方法，才能一步一步解開。

親朋好友或之間發生矛盾衝突，是時常發生的事，有時還可能因爲矛盾激化而吵嘴打架。

面對那些激憤異常的吵嘴打架，該如何對待？是袖手旁觀看熱鬧，還是挺身而出去勸架？如果要去勸架，怎樣才能勸得恰當有效？

爲了維持和發展良好的人際關係，遇到吵嘴打架的事，不應隔山觀虎鬥，應該挺身而出去勸架。但要想取得勸架的最佳效果，必須注意下列「三清」。

1. 要摸清情況

不瞭解吵架的原委底細，盲目勸架，講不到重點上，非但無效，有時還會引起當事人的反感，嫌你「不瞭解情況就胡說八道」。

如果在勸架前，打聽一下情況，或先側耳靜聽一下雙方吵罵的焦點是什麼，把情況弄清楚了再去勸架，效果就會比較好。

對於複雜的爭吵原因，更要從正面、側面詳盡地把情況摸清楚，力求把勸架的話講到當事人的心坎上。如果盡講些隔靴搔癢的話，不過是些無用的空話、大道理，是誰也不會理睬的。

勸架猶如解繩結，先要看清繩結的形狀，找到結繩的方法，才能一步一步解開。想要解除人們心上的疙瘩，也必須先把疙瘩看清看透。

2.要分清主次

引起吵嘴打架的原因有主次之分，吵架雙方也有主次之分，解決矛盾也有主次之分。勸架的人必須分清主次，絕不能平均使用力量。

如果能把引起吵嘴打架的主動一方找出來，就比較容易平息糾紛。

如果看到被動的一方好勸、聽話，就把功夫下在次要方面，即使很快把他拉開了、說動了，主動一方還在挑逗不休，被動的一方也會繼續激而迎「戰」，這樣勸架的效果就不會很好。

3. 要說清道理

勸架的時候要分清是非，不能毫無原則地「和稀泥」，不分是非地各打五十大板，以爲「一個巴掌拍不響，兩個巴掌響叮噹」，籠統地把雙方都批評一番，這種方式並不能解決問題。

只有勸得十分公正，分析十分中肯，批評十分恰當，才能勸得雙方口服心也服，才會取得很好的效果。

當然，勸架時不要以爲找到激化矛盾的主要原因，就可以任意勸說批評。要想取得良好效果，還必須注意當時的氣氛，說話要注意方式方法，語氣要和緩，措辭要適當，說得婉轉動情，使對方容易接受。

人在吵架時心中有火氣，嘴上沒好話，一般聽不進勸告。因此，勸架時千萬不要糾纏於吵架人的某些過激言詞，而要多用委婉的語言，並且注意不要觸及當事人的忌諱而火上添油。

有時還可以說幾句風趣幽默的話，緩和雙方的緊張氣氛，使得吵架的人想發火也發不起來，自然也會偃旗息鼓。

當然，在某些特殊情況下，如吵架的雙方矛盾白熱化，甚至拿刀動槍來眞的時，就該用高聲大喝，猶如猛擊一掌，使當事者清醒，阻止他們下手。可以大喊：「不準打人！」「把棍子放下！」等等。

這樣大喝一聲，容易使當事人清醒，緩和氣氛，阻止事態進一步發展。

11 小小問候也有大效用

「問候」雖然只是個小細節，
但卻扮演著很重要的角色，
因為它是拓展人際關係的第一步，
能加強彼此間的情誼，
讓對方留下好印象。

穩固人際關係，為成功打好地基

語言是人與人交流思想、資訊和情感的工具，所以應審慎應用，千萬不要用惡語損及自己與他人的關係。

穩固的人際關係是獲得事業成功的基石，千萬不要小看這一方面，更要隨時隨地留心與每一個人的互動情形。把人際關係打好，就等同為成功建立最穩固的地基，對自己有益無害。

想要成功地營造自己的人際關係，應該熟悉靈活說話之道，與人交往互動時，應極力避免觸犯以下幾個錯誤：

• 不要言而無信

爲人處世，信用兩字相當重要。

守信是一種對自己、對他人、對事業都負責的態度，也是在社交圈中必須樹立的形象。不講信用的人，在現代社會中所在多有，這類人非但不值得信任，更不值得投入心力與時間經營、交往。

人際交往，貴在一個「誠」字，只要能站在對方的立場設想，便能夠彼此靠近。在背後造謠生事、蜚短流長的行爲，不但會破壞一個組織的團結，傷害朋友之間的情誼，甚至還會釀成環境的不安定，同時象徵了個人品行的低下。

因此，在社交生活中，我們一定要注意做到以下幾點：

1. 不傳播不負責任的小道消息。
2. 不要主觀臆斷，妄加猜測。
3. 對朋友的過失不該幸災樂禍。
4. 避免干涉別人的隱私。

•不隨便發怒

喜怒哀樂本是人之常情，但必須控制在一定限度以內。

心理學研究指出，隨便發怒，就人與人的互動來說，會傷害和氣與感情，損及熟人之間的信任和親近。抑制怒氣是個人理智戰勝感情衝動的過程，而所謂理智，恰好是彬彬有禮者應具備的特有標誌。

常聽人說「江山易改，本性難移」，似乎認爲愛發怒是與生俱來，無法控制，其實是一種誤解，想要讓自己的人際關係更圓融，就必須改善易怒的缺點。

大多數人都會下意識地對自己的行爲、信念和感情辯解，不知不覺中把自己置於其他人之上，強求所有人適應自己，同時把自己的意志強加於他人。

這種不能以平等態度對待自己和別人的心理，會透過許多不同的互動關係表現出來，這樣的人容易對同事和下屬發怒，也會對妻子兒女專制，認爲所有地位身分或輩分較低下的人都應該聽命行事，順從自己。

隨便向人發怒，絕對是一種不尊重且不理智的行爲，無論產生的原因爲何，都應該設法改掉。

•不要任意為他人取綽號

綽號就是外號，依據每個人的特點而產生。

綽號象徵的涵義各有不同，例如稱英國前首相柴契爾夫人爲「鐵娘子」，是帶有褒意的美稱，類似的綽號會讓所有人都樂於接受。相對的，如果是帶有侮辱性的綽號，那就會讓人心生不悅。

有的綽號源自人天生的生理缺陷，例如「矮子」、「肥豬」、「黑鬼」等等，就相當不雅。爲他人取這樣負面的綽號，無異於揭別人的短處，對當事人造成心理傷害，無異於人格的侮辱。

若是有人替你取了不當的綽號，不妨平淡以對，不予理睬或一笑置之，如此可以避免繼續流傳，將傷害減低到最小程度。

•不要惡語傷人

惡語，是指那些骯髒污穢，意在奚落挖苦的語言。

惡言中傷是最不道德的行爲，對自己、對他人都不會有任何好處。

說話時，絕對要注意言辭和口氣，盡可能避免給人粗野的感覺。輕蔑粗魯的語氣使人感受到侮辱，驕橫高傲的態度使人與你疏遠，憤怒粗暴的表現則有可能將事情的演變導向不好的方向。

語言是人與人交流思想、資訊和情感的工具，所以應審慎應用，千萬不要用惡語損及自己與他人的關係。

●不要嘲笑別人的生理缺陷

生理上存在缺陷的人，一般都較爲內向，交際範圍小，並時常常常感到自卑、失望，與人有隔閡。這些沉重負擔會使他們格外看重精神性的需要，特別渴望眞誠的友誼、尊重、信任和感情。同理，當受到別人的嘲笑、冷落或不信任、不公平對待時，也更容易引起委屈、哀怨等情緒。

與正常人相比，生理上有缺陷的人會碰到更多、更大的困難，來自許多方面，包括學業、工作、日常生活以及職業等等。對待這樣的人，需要付出更大的關心、幫助、支援和鼓勵，他們在感動之餘，會以更大的誠意回報。

拒絕，也得多花點心力

在同事相處之中，應該在追求「正確」的同時，兼顧「合作」和「情誼」，採用多向思維的方式，考慮和處理同事的要求。

若辦公室裡的同事像個「乞丐」一樣，總是提出許多不合理的要求，讓人回應也不是、不回應也不是，使人左右爲難、煩不勝煩，此時聰明的人就應該「挑肥撿瘦」地巧妙應對。

在與同事往來的過程中，屬於自己向對方提出的要求，都是主動、可以掌控的；屬於對方向自己提出的要求，都是被動、不可掌控的。若要協調好同事之間的關係，首先必須學會巧妙應付同事提出的要求。

有些缺乏社交經驗的領導者，往往習慣用單向思維考慮和處理同事提出的要求，因此，儘管有時候他們做出的決定是正確的，卻引起了同事的反感。

處理這類事情之時，他們忘記了一條基本原則，就是與同事相處，並不單純爲了追求「正確」，應該在追求「正確」的同時，兼顧「合作」和「情誼」。

譬如在日常工作中，常常可以聽到類似下述的對話：

甲：「明天您能派兩個人，幫我們部門核對一下帳目嗎？」

乙：「不行，我這邊也很忙，抽不出人手。眞不好意思。」

從這段對話可以看出，儘管乙做的決定可能是正確的，也很注意交談方式，十分「禮貌」地回絕了同事的請求，但是，卻仍很可能引起甲的不快和反感。

究其原因，顯然並不在於乙的交談方法是否得當，在於他純粹採用了單向思維的方式，簡單地在「行」和「不行」之間進行抉擇。

這樣做，勢必使自己在處理同事之間的關係時，迴旋的餘地很小，也很難做到既追求「正確」，又兼顧「合作」和「情誼」。

在這種時候，倘若改用多向思維的方式考慮，妥善處理同事的要求，結果就會大不相同。例如，乙可以在下列幾種回答方式中，任選一種最佳方式，巧妙地回答甲。

• 折衷方式（部分滿足對方）：「好，我設法抽一個人給您，但另一個人請您向別的部門要求可以嗎？眞對不起，我們這邊的人手實在不足。」

• 緩解方式（逐步滿足對方）：「我可以抽兩個人給您，不過得過幾天。如果您急著用的話，我明天先給您一個人，過五天後再給您另一個人，這樣可以嗎？」

• 轉嫁方式（讓第三者滿足對方）：「我一定設法讓您得到兩個人。這樣吧，我去找別的部門商量看看，待會兒再給您答覆好嗎？」

• 推遲方式（暫時不正面答覆對方）：「請讓我考慮一下，但我會盡快答覆您好嗎？眞對不起。」

• 修正方式（以新方案「修正」對方的要求，實際上是巧妙地否定或拒絕了對方的要求）：「我有一個好主意，我們跟上司商量看看，將這份工作轉給另一個部門負責。這樣您不就省事了嗎？」

• 變通方式（在數量上滿足對方，質量上遷就自己；或者形式上滿足對方，實質上遷就自己）：「我可以支援您兩個人。不過，這兩個人不是從我的部門抽調，是由我從另一個部門抽調，這樣好嗎？」

僅就這件小事，若運用多向思維考慮和處理問題，就會有上述多種可供選擇的理想方案。事實上，可供選擇的處理方案還遠不止這些。

按照同樣的道理，處理同事之間一切問題時，都可以分別採取「部分滿足」、「逐步滿足」、「轉嫁滿足」、「迴避答覆」、「巧妙否定」、「形式上滿足」、「看似滿足、實質拒絕」等多種方式，巧妙應對。

如此一來，自己既不用花費太多心力，也不會傷害同事間的情誼，無疑是一舉兩得的最佳應對方法。

如何巧妙拒絕別人？

首先要先認同對方說的話，平息他的怒火，對方就會不容易對你產生敵意，也能滿足他的自尊心。

世間的每個人都是獨立的個體，也擁有各自的思想和行爲模式，因此，面對不盡如己意的景況，希臘詩人荷馬曾經勸告我們說：「把你激動的心情按捺下去，因為溫和的方式最適宜；還要遠離那些劇烈的競爭。」

當對方否定或拒絕你的意見或想法時，你會有什麼樣的感覺呢？任何人一定都會覺得不太高興吧！這時必然會有一股怒氣油然而升，或對對方產生反感。因爲對方的拒絕或否定，會使我們的自尊心受到很大的傷害。

在這種狀況下，我們應該如何委婉地拒絕別人，才不會讓對方產生不愉悅或自尊心受損的感覺呢？

一、當對方說話時，不要每次都反駁他。

很多人發表意見時，都會聽到直接否定或拒絕的反應：「不對，我不那麼認爲，那應該是這樣的……」「是嗎？我覺得不是這樣……」「你在說什麼？這怎麼可能呢？你講話好奇怪……」等等。

其實，這些話對一般人來說，聽到只會越來越反感而已。所以說，這是一種最差勁的拒絕及否定法。

二、要聆聽對方的話，直到告一段落。

聆聽他人說話，一定要等到對方說話告一個段落爲止，即使你有反對的意見，也應該暫時忍住，無須急於表現。

因爲發言的人會想將自己想法完整的表達讓對方知道，並希望得到對方認同，因此對於話題被中斷、遭到否定一定會很生氣。

三、先表示認同對方的態度，再提出反對意見。

當你聽完對方的話後，必須針對對方的話，傳達出自己並不是否定對方的想法，而且彼此的構想其實是有相通之處，只是做法上有些不同，而關於這一點可以再作溝通和討論。

若是直截了當地表示反對或否定，對方必然會對你產生反感或敵意。

所以，首先要先認同對方說的話，你可以這樣說來平息他的怒火：「是，你說的話我很明白。」

這樣一來，對方就會不容易對你產生敵意，也能滿足他的自尊心。

接下來，你可以試著說出自己的想法：「我也很贊同，不過，我另外有一個的想法。你覺得如何呢？如果有不對的地方請提出來。」

這樣一來，對方就不會對你反感，而且大多能冷靜思考你所說的話，並且接受你的建議。

以靜制動，抓住對方的言語漏洞

在雙方關係緊張、一觸即發的時刻，催款人該以冷靜和藹態度對待。以靜制動，才能抓住債務人暴露出的種種弱點和漏洞。

既然在商業社會裡打滾，人就不可免地會與許多人、許多機構有金錢往來，進而產生債權或債務關係。

其中，最辛苦、最不討好的，該是擔當催款工作的人。

身爲催款人員，由於工作需要，免不了得與各式各樣的人打交道，有的人通達熱情，開朗大方；有的人則心胸狹隘，表情冷漠，一副所有人都欠了自己幾百萬的模樣。有的人說話誠懇，能與人眞誠相待；有的人正好相反，不僅滿口謊言，甚至虛情假意，蓄意欺騙。

但是不論遇上哪種人，不論對方使自己感到多麼難堪，催款人員都必須控制情緒，以「忍」字爲最高守則。

凡身爲到期不履行債務的人，不管出於什麼原因，見到催款人出現，心裡總是感到不自在、不舒服，並產生出對立、牴觸的情緒。

因此，在雙方交涉、商談的過程中，債務人有可能爲了維護自己的面子而出言不遜，無理取鬧，甚至進行人身攻擊。

債務人可能採取的無理行爲有很多種，例如強詞奪理，胡攪蠻纏，刻意刁難，向催款人提出意想不到且根本無法接受的苛刻條件。

也有些時候，債務人會故意耍賴，三番五次拒不和催款人見面，或者好不容易終於見了面，也不談正事，以種種藉口一拖再拖。

債務人的一切舉動都可能讓人生氣，令人難忍，在一般情況下，催款人若是受到不合理對待，自然有理由大吵一翻，或以各種手段回敬，以發洩心中的怒氣。可是必須切記，以上種種指的是「一般情況」。

身爲催款人，應當時刻記住自己的身份，記住任務的眞正目的是把錢要回來。明白了這些，那麼對於債務人表現出的一切奇談怪論、荒唐行徑，都應當見怪不怪，平常視之，以忍讓為先。

如果催款人不能活用「忍」字訣，忍受債務人的無理言行，就會導致雙方關係陷入緊張狀態，甚至公開對立。

一旦出現這種情況，催款人以後不僅無法繼續與債務人進行商討、交涉，在此前所做的一切努力也將化為烏有，前功盡棄。

也許在此之前，催款人為了早日摸清債務人的資信情況，付出了很大心血與時間；也或者為了促使債務人儘早履行債務，而與其他相關單位達成一致共識，付出相當力氣在溝通與周旋；又或者，催款人為了不虛此行，臨行前搜集了大量資訊。然而，一旦雙邊鬧翻，所有一切就會付諸東流，使效果大打折扣，無論從哪一方面來講，都非常不值得。

因此，催款人為了達到目的，完成自己的任務，要能忍受一切難以忍受的語言行為，秉持「以柔克剛」、「以靜制動」的精神。

要知道，對那些蠻橫不講理、脾氣暴躁的債務人，再沒有比「低聲下氣」更好的辦法了。

比如，當對方大發脾氣，你可以對他說：「請您不要生氣，我來這裡不是爲了吵架。」「我剛才的話可能惹您生氣了，但請您能夠理解我此刻的心情。」「請您理解我們的難處，就算是請您幫我們一把吧！」

凡此種種，相信一定可以使對方冷靜下來，更加理智地思考問題。

債務人越是暴跳如雷、橫蠻刁難，催款人越應當心平氣和，以禮相待。在雙方關係緊張、一觸即發的時刻，催款人該以冷靜和藹態度對待。

以靜制動，才能在「靜」中抓住債務人暴露出的種種弱點和漏洞，然後迫使對方履行債務。

小小問候也有大效用

「問候」雖然只是個小細節，但卻扮演著很重要的角色，因為它是拓展人際關係的第一步，能加強彼此間的情誼，讓對方留下好印象。

人們見面時，問候是不可缺少的一個重要環節。我們在寫信、打電話時，首先要向他人問好，遇見熟人也會相互打個招呼，這些都是所謂的「問候」。

在公共場合中，人們經常用「你好」、「很高興見到你」這類普遍適用的問候語。不過，問候時，還應注意表情要和藹可親，面帶溫暖的微笑，否則，對方會對你的誠意感到懷疑。

在我們的社會中，最常用的問候語是：「您吃飽了嗎？」或「您剛回來？」或

「您去哪啦？」

書信中或是打電話時，最愛用「您身體好嗎？」或「您在忙些什麼？」這類問候語表達出自己對對方的關懷之意，使人感到親切自然。

但是，像「您去哪啦？」或「吃飽了嗎？」這一類習慣性的問候語，在有外賓的場合中是不宜採用的。

因爲外國人強調個人自由不容干涉，個人隱私不容窺視，無法理解和接受這類問候語。他們認爲，如此問候他人，不是多管閒事，就是蓄意窺探他人隱私、干涉他人的行動自由。

若是不瞭解外國人這一習慣，認爲平常使用的問候語到哪都行得通，也對外賓照用不誤的話，結果必然會使對方不快，甚至由此發生誤解。

因此，在有外賓的場合中要相互問候時，雙方可使用相同的問候語，例如，「你好」就是一種通用的問候語。

還有另一種問候方式，就是所謂的「致意」。由於致意大都是不出聲的問候，如微笑、點頭、舉手、欠身和脫帽等，因此致意時，與對方的距離不可過遠，也不要站在對方的側面或背後，必須要讓對方看到。

此外，致意時也應注意面部表情要保持親切和藹。

致意是有一定規則的：男士應先向女士致意；年輕人應先向年老人致意；學生應先向老師致意；下級應先向上級致意。若是年輕女士遇見比自己歲數大很多的男士時，應當首先向他致意。

致意的方式有多種。例如，微笑致意即面帶笑容、不出聲地笑，可用於在同一場合中反覆見面的朋友，也可以用於在社交場合中與不相識者見面之時。

第二種致意方式是點頭。若是向朋友點頭致意，頭應向下微微一動，幅度不可過大，也不必點頭不止。這種方式適用於不宜交談的場合。

第三種致意方式是舉手。向距離較遠的熟人打招呼時，一般都會以舉手來向對方致意。自己不必出聲，只要將右手臂伸直，掌心朝著對方，稍稍揮一下手就行了，不需要反覆搖晃。

第四種致意方式是欠身，這動作是表示對他人的一種敬意，適用的範圍最爲廣泛，不論是對平輩或長輩、熟識者或不熟的人，均可使用這種致意方式。

第五種致意方式是脫帽，向朋友脫帽致意最爲禮貌。若是與朋友相遇並擦身而過，可回頭問聲好，並以一隻手輕輕地掀一下帽子，不必將整頂帽子脫下。

總之，不論是說問候語或用動作致意，都是「問候」對方的方式。

在人際交往中，「問候」雖然只是個小小的細節，但卻扮演著很重要的角色，因爲它是拓展人際關係的第一步，也能加強彼此間的情誼，更能讓對方留下好印象，所以千萬別輕忽了這個小動作。尤其是常需與許多人接觸的領導者，更得明瞭「問候」的重要性。

避開禁忌，在社交場合無往不利

這些「禁忌」能幫助你在名流場合中保持鎮定，因為你已知何者不可為，所以縱使參與這些場合並非家常便飯之事，也能泰然處之。

若是搭乘公司專機去老闆的別墅度過週末，或參加大客戶在豪華遊艇上舉辦的晚宴，或參與任何其他名流舉辦的社交活動中時，如果罔顧禮儀規範，就會令對方對你的評價大打折扣，甚至為自己的成功之路增添不少阻礙。

強森女士現任維吉尼亞州麥克連市華盛頓禮賓學院院長，是企業與國際禮儀的權威。她曾說：「有個場面委實尷尬至極——私人座機空服員要求一名年輕主管讓座，因為他佔據了特別保留給公司總裁和貴賓的位置。」

有好幾名曾參加過強森女士講習班的空姐均舉證歷歷，說許多年輕主管常看到空位就坐下來，更有甚者，當空姐請求他們讓座時還大聲抗議呢！

因此，強森女士總是再三告誡她的學生，在以上場合中，凡事要多請教空姐，像問：「我該坐在哪裡？」

此外，強森女士還建議：「在私人專機上，別貿然要求額外的東西。」例如，「空姐可能會說：『您需要蘇打水，還是一杯葡萄酒？』空姐其實就在暗示：『機上不招待烈酒』。」

不過，根據報告，有些年輕主管還是會說：「給我一杯蘇格蘭威士忌。」「有時，私人專機上連葡萄酒都不供應。如果空姐是這樣問：『您需要礦泉水還是蘇打水？』她就是在告訴你：『機上不供應任何含酒精的飲料』。」「而且，通常私人專機上絕對禁止吸煙，可是有些主管似乎根本漠視這項規定。」根據強森女士的觀點，即使開口問：「我可不可以抽煙？」這問題也會讓答話的人相當爲難。

所以請謹記一點：即使在平時進入別人的辦公室時，如果眼中看不到任何一個煙灰缸，那就表示此地禁菸，不宜再開口詢問自己能否抽煙。舉例來說，如果會議廳裡備有煙灰缸，而且公司總裁本人也抽煙，那就明白地表示衆人可儘量呑雲吐霧；如果情況相反，就代表此地禁菸。

強森女士特別強調「別提出令人爲難的問題」，因爲就對方的立場而言，必定要拒絕你的要求，但又明知你期望得到肯定的答覆，因此對方會相當爲難。

或許你會覺得這些「禁忌」過多，讓人有窒息感，無法放鬆自己，使自己發揮最高的效率。但事實上，這些「禁忌」能幫助你在名流場合中保持鎭定，因爲你已知何者可爲，何者不可爲，所以縱使參與這些場合並非家常便飯之事，也能泰然處之，並展現出高明的交際手腕。

妥善使用名片增加他人好感

名片是對方人格的象徵，尊敬對方的名片就等於尊重對方的人格。當對方感到你對他的尊重時，必然會增加對你的好感。

在競爭越來越激烈的商業社會，說話能力決定一個人的競爭力，因此既必須洞悉處世心理學，也必須增強自己的表達能力，同時留意社交禮儀。

在日常生活中，用手指人是極無禮的行爲。因爲，手指是一種尖銳的物品，尖銳之物是會傷人的，所以用手指指人具有挑釁的意味，易使人產生反感和戒備心。

話說有人去拜訪某公司經理，遞名片時，用食指和中指夾著名片遞給對方，而且是將名片放在桌上，而非遞到對方手中。這行爲使那位經理大爲不快，對他留下了極差的印象。

由於名片也是一種尖銳的物品，用食指和中指夾著遞給對方，其實就是以尖銳的東西指向對方，是極不禮貌的行爲，當然會引起他人反感。

要想好好利用名片，可掌握以下三種遞名片的方法：

一、手指併攏，將名片放置在掌上，用大拇指夾住名片的左端，再恭敬地送到對方胸前。名片上的名字是反向著自己、正向著對方，使對方接到名片後可立即觀看，不必再翻轉過來。

二、食指彎曲與大拇指夾住名片遞上。

三、雙手的食指和大拇指分別夾住名片左右兩端，以雙手奉上。

以上這三種遞名片方式都避免了用「尖銳物」指向對方的禁忌，其中尤以第三種最爲恭敬。

也許，你會認爲這只是個小細節，不足掛齒，但千萬別忘了有時候對名片的處理不當，將會使你的工作馬失前蹄。因此，想步入成功人士行列的人，千萬別不拘這個「小節」。

此外，在日常工作中也常常需要接受名片，接受方式是否恰當會影響你給對方的第一印象，因此必須懂得如何禮貌地收下名片。

以下提出幾種接收名片的方式供大家參考：

一、若自己是空手的時候，必須雙手接受對方遞出的名片。

二、收下名片後，一定要馬上過目，不可隨便瞄一眼。

三、遇到對方名字難讀時，要虛心請教別人的名字怎麼唸，這絲毫不會降低自己的身分，更不會傷害對方，只會使對方感到你很重視他。

四、若一次同時接受好幾張名片，並且都是初次見面的人，千萬要記住哪張名片是哪位先生或小姐的。如果是在會議桌上，不妨將這些名片擺在桌上，依對方的位置加以排列，以免弄混。

五、若是把對方的名片放在桌上，又把東西隨便壓在名片上，這等於是把對方的臉壓在屁股下面一樣，會使對方下意識地感到受了污辱，一定要小心避免這種情況。

有時會出現很想得到對方名片而對方卻沒給你的狀況，這時如果就此畏縮，那你的人際關係就永遠無法拓展。應該向對方請求：「不好意思，如果方便的話可以給我一張您的名片嗎？」

這樣做只會提高對方的身分，不會冒犯到對方。

在接受名片時一定要注意，名片是對方人格的象徵，尊敬對方的名片就等於尊重對方的人格。

當對方感到你對他的尊重時，必然會增加對你的好感。接受名片的禮貌，會直接影響你的人際關係是否暢通，切不可等閒視之。

Be Human by Wisdom

Thick Black Theory is a philosophical treatise written by Li Zongwu, a disgruntled politician and scholar born at the end of Qing dynasty. It was published in China in 1911, the year of the Xinhai revolution, when the Qing dynasty was overthrown.

Be Human by Wisdom

做人靠智慧

活用智慧，才能為自己創造更多機會

做事靠謀略

全新增訂版

莎士比亞曾經如此說道：

「才華智慧如不用於有用的地方，
便和庸碌平凡毫無差別。
造物者是個精於計算的女神，
她把給予世人的每一分才智，
都要受賜的人感恩，善加利用。」

確實如此，做人做事多一點心眼，才會多一點勝算，不管做什麼事，事先都要有周密的計劃和盤算。

一般人之所以失敗，多半是由於做人太過單純，思想太過僵化，不懂得權謀變通。做人靠智慧，做事靠謀略，想要在人生戰場獲勝，就要把心機用在最恰當的時機。要是只會死守教條，腦袋不懂得轉彎，永遠只會讓別人騎在自己頭上。

Thick Black Theory is a philosophical treatise written by Li Zongwu, a disgruntled politician and scholar born at the end of Qing dynasty. It was published in China in 1911, the year of the Xinhai revolution, when the Qing dynasty was overthrown.

金澤南 編著

活用說話方法，改變對方的想法

作　　者　陶　然
社　　長　陳維都
藝術總監　黃聖文
編輯總監　王　凌
出 版 者　普天出版社
新北市汐止區康寧街 169 巷 25 號 6 樓
TEL / (02) 26921935 (代表號)
FAX / (02) 26959332
E-mail：popular.press@msa.hinet.net
http://www.popu.com.tw/
郵政劃撥 19091443 陳維都帳戶
總 經 銷　旭昇圖書有限公司
新北市中和區中山路二段 352 號 2F
TEL / (02) 22451480 (代表號)
FAX / (02) 22451479
E-mail：s1686688@ms31.hinet.net
法律顧問　西華律師事務所・黃憲男律師
電腦排版　巨新電腦排版有限公司
印製裝訂　久裕印刷事業有限公司
出 版 日　2020 (民 109) 年 1 月第 1 版
ISBN◉978-986-389-700-2　　條碼 9789863897002

國家圖書館出版品預行編目資料

活用說話方法，改變對方的想法／
陶然著.—第 1 版.—：新北市,普天
民 109.01 面； 公分. - (溝通智典；01)
ISBN◉978-986-389-700-2 (平裝)

溝通智典

01

普天之下·盡是好書

普天出版家族
Popular Press Family

凌雲文創
A-Plus Creative Company